Die

Zukunft der arbeitenden Klassen

und die

Vereine für ihr Wohl.

Eine Mahnung an die Zeitgenossen.

Von

Dr. W. ADOLF SCHMIDT,
ausserordentl. Professor der Geschichte an der Universität zu Berlin.

Berlin, 1845.
Verlag von Veit und Comp.

Was meine Absicht betrifft, so ging sie zunächst nur dahin, anzuregen. Von altkluger Einbildung weiss ich mich fern; den Stein der Weisen erschaute ich so wenig als Andere. Deshalb würden auch etwaige Ausstellungen in der Sache, um ihrer Förderung und meiner Belehrung willen, mich nur erfreuen können, die Gelegenheit und die Form sei welche sie wolle.

Im Uebrigen wäre mir damit gedient, wägte man nicht jedes meiner Worte mit der Goldwage ab. Denn es kommt doch nicht sowohl auf den Ausdruck als auf die Gesinnung an, und ich bin mir bewusst dass der meinige überall aus einer solchen entsprang, die nur das allgemeine Beste vor Augen hat. Ich kann mich nicht damit befreunden, dass in unseren Tagen auch die ehrenwerthe Ueberzeugung noch so oft auf Stelzen wandelt; sie hat gewiss die Pflicht sich frei ihrer eigenen Füsse zu bedienen, und dann auch das Recht fest aufzutreten, wo sie auf ihren Wegen dem Wahn und dem Irrthum zu begegnen glaubt, oder wo sie der Theilnahmlosigkeit einen Anstoss zu geben bedacht ist.

Berlin am Charfreitage den 21. März 1845.

Adolf Schmidt.

Uebersicht des Inhalts.

Einleitung.

Mit gespannter und freudiger Erwartung harrt die Welt der Dinge die da kommen sollen. In den gebildetsten Ländern Europas, in England, Frankreich, Belgien, Italien und Deutschland hat man die Nothwendigkeit erkannt, dem drückenden Elend abzuhelfen in welchem ein grosser Theil unserer Mitmenschen schmachtet, die Lage der arbeitenden Klassen zu verbessern, ihr leibliches, geistiges und sittliches Wohl in alle Wege zu fördern. Ueberall schon sind Vereine oder Massregeln im Entstehen, welche die Absicht haben diese Zwecke zu verfolgen.

Also wieder einmal, so scheint es, hat der Zeitgeist einen Sieg errungen über die spröde Gegenwart, — nicht durch die plötzliche Gewalt des Krieges, sondern durch die ausdauernde Macht der Liebe.

Lange genug fürwahr blieb die Pforte des menschlichen Herzens ihm verschlossen; lange genug kauerte das Gewissen der Schwachen oder Verstockten scheu in sich zusammen, nur unstät nach den Spalten und Ritzen blickend, durch welche der blendend helle Schein seines Lichtgewandes sich hindurchrang. Doch immer dringender erklang der Mahnruf seiner Stimme, bald wie der weiche Ton bittender Klage, bald wie das dumpfe Grollen des Donners; und immer anhaltender ward sein Pochen, erst leise zögernd, dann immer stärker und lauter, so laut dass es oft weithin erdröhnte und das Echo die Schwingungen des Schalles in alle Weltgegenden trug. Da ging der Mensch allmählig in sich; da ward sein Gewissen gerührt; da endlich fuhr wie aus halbwachem träumenden Starrsinn das menschliche Herz empor, halb erschreckt halb mitleidsvoll; und nach langem vergeblichen Harren, Pochen und Rufen ward endlich — dem Zeitgeist aufgethan.

Aber sehet wohl zu, dass die Pforte die ihr ihm erschliesset, nicht ein blosses Hinterpförtchen sei, zu klein um seiner riesenhaften Gestalt den vollen Einlass zu gewähren, und doch wiederum zu gross um, im Falle die friedlichen Unterhandlungen mit ihm sich zerschlügen, die stämmige Kraft seiner nervigen Gliedmassen abzuwehren.

Allein dieser Fall — er kann, er darf nicht eintreten. Wer den Finger bietet, wird ja auch die Hand wohl reichen. Man leite nur die Unterhandlungen mit Offenheit und ohne Eigennutz, mit Einsicht und ohne Zwietracht, und sie werden das schönste Friedensbündniss herbeiführen, das segensreichste und dauerndste, das je das Herz mit der Vernunft, die Erde mit dem Himmel, der Mensch — mit dem Menschen schloss.

Die Gliederung der menschlichen Gesellschaft ist wie eine der schwierigsten so auch eine der wesentlichsten Lebensfragen unserer Zeit. Gelehrte und Ungelehrte, Theoretiker und Praktiker, haben ihrer Lösung meist vergebliche Opfer an Zeit und Mühe dargebracht. Und warum vergebliche? — Weil weder die Einsicht noch der Wille Einzelner, sondern nur die geistige und materielle Kraft Aller, nur das sittliche Zusammenwirken der Gesammtheit der Lösung gewachsen ist.

Wohl könnten daher auch jene im Werden begriffenen Vereine über kurz oder lang ins Nichts zurücksinken, die hoffnungsreichen Wünsche für das Wohl der arbeitenden Klassen gleich Träumen und Schäumen zerfliessen, — wenn sie auf einem praktisch oder theoretisch unzureichenden Grunde erbaut würden, wenn nicht eben Alle oder doch möglichst Viele ihre Kräfte verschmelzen, und wenn man nicht vor Allem sich dessen vollkommen bewusst wird, was man will, soll und kann. Ehe man Formen schafft, ehe man Statuten errichtet und an

Gesetze sich bindet, muss man von allen Seiten den Geist erfasst und begriffen haben, der die Formen beseelen und beleben soll; sonst möchte es leicht geschehen, dass der Geist nicht in die Form, der Kern nicht in die Schale passt und sie wie Glas zersplittert.

Es kommt also zunächst darauf an, sich darüber klar zu werden, welches die Ursache und die Wirkung, der Sitz und der Umfang des Uebels sei, nach welchen Zielen man demnach zu ringen habe, und mit welchen Mitteln man ihnen am sichersten und erfolgreichsten beikommen könne. Zur Erkenntniss dessen nach Vermögen beizutragen, ist eines Jeden Beruf der Kopf und Herz am rechten Flecke trägt, und also — denk' ich — auch der meinige.

Wohl giebt es, zumal unter den Gelehrten, Viele denen das Herz stumpf ist, umlagert von einer Eisesrinde die selbst bei der heissesten Temperatur nicht schmilzt, — Leute die vornehm schweigen, und lächelnd die Achseln zucken wenn ein begeistertes Wort für Menschenwohl zu ihren Ohren dringt. Mit diesen hab' ich nichts zu schaffen.

Andrerseits giebt es auch wohl Solche, denen die Tendenzen der Humanität lediglich das Vorhängeschild einseitiger Parteibestrebungen sind, und die von jenen nichts hören mögen, wofern sie nicht diesen sich blindlings unterwerfen. Mit ihnen hab' ich noch weniger zu schaffen.

Doch will ich auch nicht bloss zu dem einen oder dem andern reden, sondern zu allen die mich hören wollen soweit das deutsche Vaterland reicht, zu allen deren Brust für Menschenliebe noch nicht erstorben ist. Denn mein Manifest ist nur der alte, doch nie verjährende Wahlspruch: Liebet euch wie Brüder unter einander, auf dass es Allen wohlgehe auf Erden! Und darum will ich schlicht und einfach reden, nur so wie das Herz mir es eingiebt, frei von allem gelehrten Wust der nicht zu jeglichem Dinge taugt, frei von dem Wahne dass es sich stets um Entdeckung neuer Welten und nicht vielmehr um kräftigeren Anbau schon entdeckter handle, unbekümmert um das Achselzucken derer die sich zu erhaben dünken, um von der stolzen und kalten Höhe ihrer sich selbst genügenden

Gelehrsamkeit auch nur auf einen Augenblick in das warme Leben der Gegenwart fühlend und handelnd herabzusteigen, unbekümmert um das Lächeln oder Bedauern der mir fern oder nahe Stehenden, die mich vielleicht als einen ihrer Unwürdigen, wohl gar als einen Apostaten der Wissenschaft verketzern werden, deshalb weil ich gewagt, den schwerfälligen Schneckentritt grübelnder Untersuchung in den leichten und freien Schritt fertiger Berathung, den zerhackten Ton der Kritik in den flüssigen der Rede umzuwandeln.

Leider ist es wahr: Wir leben noch mehr oder minder in einer Zeit der dürren Abstractionen, welche nur zu leicht alles Mitgefühl und alle Begeisterung ertödten. Jenes Mitgefühl meine ich, das uns über uns selbst erhebt und zu dem macht was wir sein sollen, zu ganzen vollen Menschen, in denen alle Gefühle und Gedanken wie aus Einem Odem athmen. Jene Begeisterung meine ich, die wie der Sturmwind daherbraust, Alles ergreifend und mit sich fortreissend um Grosses zu gebären; denn muss gleich der Verstand in allen Dingen die Begeisterung leiten, so hat doch der blosse Verstand ohne Begeisterung noch niemals im Leben wahrhaft Grosses erzeugt. — Ich rede nicht im Sinne jener frömmelnden Richtung, die eher vom Bösen als vom Guten stammt. Doch Leute die nur denken und nicht fühlen, nur kritteln und nicht loben können, sind ebensowohl wie die welche nur verfolgen und nicht dulden, oder nur herrschen und nicht opfern mögen, die Dämonen dieser Welt, an deren Thun und Treiben, an deren Werken und Künsten, sich jegliche Welle des Heiles bricht.

Und welche Begeisterung nun kann schöner und erhabener, kann menschlicher zugleich und göttlicher sein, als die welche dem Wohle der gesammten Menschheit gilt, welche die kleinlichen und gemeinen Rücksichten von sich wirft, welche den Thron der Selbstsucht zertrümmert und die allzu schroffe Scheidewand zwischen Mein und Dein freiwillig niederreisst oder ermässigt, welche mit Einem Wort — aus der Menschenliebe stammt und Menschenliebe säet?

Aber die Selbstsucht? Sie lauert ängstlich; sie will so wenig preisgeben als möglich; sie deckt nur zögernd — ein

Bröcklein von der Scheidewand ab, und meint nun sei's genug gethan.

Darum ermanne sich die Zeit aus ihren Abstractionen, der Mensch zum vollen Menschen, und vor allem die Presse aus ihrer Apathie. Ein Drang edler Begeisterung woge durch sie hin, dass sie überall die Selbstsucht verdränge und überwinde! Aus tausend Zungen rede sie, lautschallend, dass der Ruf in immer weiteren und weiteren Kreisen die schlummernde Welt nachhaltig aus ihren Träumen wecke! Wie der Blitz eile ihr Wort und ihre Mahnung von Haus zu Haus, von der dürftigsten Hütte bis zum glänzendsten Palaste, von Ort zu Ort, durch alle Gauen unsers deutschen Vaterlandes, ja selbst hinaus über dessen Grenzen bis zu den Brüdervölkern, auf dass sich an ihr allüberall der Wettkampf der Liebe entzünde.

Doch nicht mahnende Reden allein sind unsere Aufgabe; es ist hoch an der Zeit, dass wir auch durch Thaten reden. Wenn sich das Streben nach leiblicher, geistiger und sittlicher Verbesserung der menschlichen Gesellschaft, die sociale Agitation im edelsten Sinne des Worts, wie man es dringend wünschen muss, über alle vaterländischen Staaten verbreitet, wenn sich in ihnen allen zunächst für das Wohl der arbeitenden Klassen Vereine bilden, welche jedem Mitgliede derselben die Bürgschaft einer menschlichen Existenz zu gewähren vermögen, wenn diese Vereine allmählig das gesammte deutsche Vaterland wie ein Netz umspannen und endlich in oberster Instanz zu einem allgemeinen deutschen Centralvereine sich die Hände reichen: dann würden wir den unendlich schönen Traum von Jahrhunderten, mit welchem die Gegenwart nur wie mit einem fernen Nebelbilde zu liebäugeln wagt, wenigstens nach einer Richtung hin, plötzlich verwirklicht, dann würden wir aus dem fruchtbaren Boden der Nächstenliebe ein einiges festes Deutschland emporwachsen sehen.

Und warum dürften wir nicht gemeinsam danach ringen, darauf hoffen? Soll denn nicht endlich einmal auch Deutschland berufen sein, der Welt ein Beispiel grossartiger Entschlüsse und einmüthiger Thatkraft zu geben? voranzuleuchten den übrigen Nationen auf der Bahn eines unabsehbar folgenreichen Fortschritts? eben jenen Nationen, die, weil sie an unserer Fähigkeit zum Wollen und Handeln zweifeln, auch unsern Hang zum Denken minder achten als belächeln.

So erhebe man sich denn nicht hier bloss oder dort, sondern überall in deutschen Landen aus dem Starrsinn und der Dumpfheit — so lange es noch Zeit ist. Denn die Zeit ist wie ein flüchtiges Windspiel. Man eile sie zu ergreifen und den reichen Schatz ihrer Ideen für das praktische Leben auszubeuten, ehe der rechte Augenblick unwiederbringlich dahin ist, ehe die schöpferische Schwungkraft der Begeisterung sich abnutzt und das beklemmende Alpdrücken der Vergangenheit von neuem unsere Kräfte lähmt.

Ueber die Wurzel und die Natur des Uebels, dem man steuern will, mithin über den Zweck den man zu verfolgen, und über die Mittel die man anzuwenden hat, wird man sich stets die nächste und beste Rechenschaft geben können im Rückblick auf den Gang seiner geschichtlichen Entwicklung. Denn gewiss ist die Vergangenheit die geschickteste Lehrerin der Gegenwart, wenn es darauf ankommt, dieser den richtigen Weg in die Zukunft zu bezeichnen.

Geschichtliche Rückschau.

Wer hat nicht heut bis zur Uebersättigung, da wo es sich um das Elend der unteren Volksklassen handelte, die Ausdrücke „Pauperismus" und „Proletariat" gebrauchen hören! Jener soll die grauenvolle Krankheit der Verarmung bezeichnen, die wie ein schleichender Krebsschaden sich in der Gesellschaft immer weiter und weiter frisst; dieser den Zustand des schon verarmten oder mittellosen oder hülfsbedürftigen Bestandtheiles der Bevölkerung. Doch ist zumal der letztere Begriff höchst schwankender Natur und in seiner Anwendung auf das Verschiedenartigste und Willkürlichste bald erweitert, bald verkürzt worden, sofern es darauf ankam, ihn auf bestimmte Klassen der heutigen bürgerlichen Gesellschaft zurückzuführen. Und in der That wie will man Grenzen ziehen, wo es keine Grenzen giebt? Der Begriff der Dürftigkeit ist ja nimmermehr von dem Stande oder der Stellung abhängig, die Dürftigkeit vielmehr in allen Ständen zu Hause, so gut unter Vornehmen wie unter Geringen, unter dem Adel wie unter den Tagelöhnern, unter den Beamten wie unter dem Gesinde, unter den Gelehrten wie unter den Arbeitern. Wir haben in Wahrheit so gut eine darbende Intelligenz wie darbende Arbeitskräfte, und ein kauendes Gerippe als Bildniss der ersteren würde gewiss eine treffende Caricatur ihrer materiellen Lage abgeben. — Die Ansprüche des Einzelnen an das Leben, oder umgekehrt die Anforderungen des Lebens an den Einzelnen, sind jederzeit von seiner gesellschaftlichen Stellung und seinem Bildungsgrade abhängig; und von dieser Abhängigkeit, weil sie ein naturgemässes Verhältniss ist, wird kein Mensch sich gänzlich lossagen können, selbst die nicht welche das Ideal idyllischer Gütergemeinschaft predigen. Es unterliegt also keinem Zweifel, dass z. B. ein Hausknecht verhältnissmässig wohlhabender sein kann als ein Beamter, ein Schullehrer verhältnissmässig hülfsbedürftiger als ein Fabrikarbeiter. — Aber Eine Sonderung der Begriffe lässt sich allerdings auf die Klassen in Anwendung bringen: in den untersten Schichten der Gesellschaft kann es nie absolut Reiche, in den obersten nie absolut Arme geben; denn wo durch einen plötzlichen Zufall eine Ausnahme in dieser Regel eintritt, da findet auch augenblicklich ein Heraustreten aus der bisherigen Stellung, ein Aufsteigen in die oberen oder ein Herabsinken in die untersten Schichten statt.

Reich ist wer eine Ueberfülle von Mitteln angesammelt, wohlhabend wer mehr einnimmt als er bei Befriedigung aller standesgemässen Ansprüche verzehrt, mittellos jeder der ein knappes Auskommen hat oder dessen Einnahmen nur gerade genügen, um die standesgemässen Bedürfnisse zu decken, dürftig dagegen der dessen Subsistenzmittel nicht anders als dahin gehören vor allem die agrarisch-proletarischen Bewegungen zu den Zeiten der Gracchen, die wesentlich eine Ausgleichung der Besitzenden und der Besitzlosen bezweckten und die durch den feindlichen Zusammenstoss der Interessen beiden Theilen gleiches Verderben brachten; dahin gehören ferner die unentgeltlichen Kornspenden, welche in den letzten Zeiten der römischen Republik und in den ersten der Kaiserherrschaft einen ungeheuren und immer kostspieligeren Umfang erreichten. Allein einmal trugen diese Erscheinungen doch jederzeit ein eigenthümliches von den neueren abweichendes Gepräge, indem politische Motive mehr oder minder ihren Hintergrund bildeten, und überdies gehören sie schon jenen Zeiten an, in denen die Lebenskeime des Alterthums ihre Triebkraft verloren, und die den allmähligen Uebergang von den Grundsätzen der alten Welt zu denen der neuern, der christlich germanischen, bezeichnen. — Daher denn die Gründung jener wunderbar grossartigen Alimentenanstalt Trajans für freigeborne Kinder mittelloser Eltern, die erste milde Stiftung von der das Alterthum weiss, während jetzt unzählige Wohlthätigkeitsinstitute aller Art weder in den übrigen Staaten Europas noch in Italien hinreichen, um nur den Anforderungen der drückendsten Armuth zu entsprechen. — Daher denn auch jene furchtbaren Sklavenempörungen, welche aus dem erwachenden Bewusstsein von dem Recht der persönlichen Freiheit, nicht aus der Entbehrung der Leibesnothdurft hervorgingen; denn für das leibliche Wohl der Sklaven, deren Summe sich auf nicht weniger als den dritten Theil der gesammten Bevölkerung belief, war anerkannterweise von Seiten der Herren, die sie ja ernähren mussten, oft bei weitem besser gesorgt, wie für die Mehrzahl derer, die im Besitze der Freiheit waren.

Wenn also im Allgemeinen durch die Gebundenheit der Verhältnisse und vornehmlich durch das Gesellschaftsprincip der Sklaverei einer gänzlichen Verarmung der Einzelnen, und mithin den trostlosesten Folgen derselben im Alterthum vorgebeugt war: so erklärt es sich nun auch, weshalb das sittliche Verderbniss, wenn wir wie billig von den Zeiten des Verfalls der Staaten und von dem nothwendig unentwickelteren Standpunkt des allmählig erst reifenden sittlichen Bewusstseins absehen, in der alten Welt verhältnissmässig bei weitem nicht so tief und so umfassend eingriff, wie in den neueren Jahrhunderten und in der Gegenwart. Denn Niemand hat noch, so lange die Welt steht, den beklagenswerthen grauenvollen Zusammenhang zwischen dem Sittenverderbniss und der Armuth zu läugnen gewagt, und auch jene Wahrnehmung liefert mittelbar den Beweis dafür, dass das erstere eine unabwendbare Folge des letztern sei. — Manche Gattungen von Verbrechen, die heut nicht ungewöhnlich sind, waren wie z. B. der Elternmord in damaligen Staaten lange ganz unerhört und schienen so undenkbar, dass es nicht einmal in der Gesetzgebung eine Strafbestimmung darüber gab. — Angriffe auf das Eigenthum und das Leben Anderer, insofern sie aus blosser Habgier des Einzelnen hervorgingen, waren in den Blüthezeiten Egyptens, Griechenlands und Italiens etwas so Seltenes, dass sich der daran haftende Begriff des Verbrechens überhaupt nur sehr langsam entwickelte. Daher konnte es geschehen, dass z. B. der Raub zur See, weil man es durchaus nicht für möglich hielt, er könne aus anderen und gemeineren Gründen als bloss der abentheuerlichen Kühnheit und der lockenden Gefahren halber unternommen werden, lange Zeit nur als ein ehrenhaftes Heldenthum erschien. Daher konnte es ferner geschehen, dass der Diebstahl in Egypten — wie noch heut — ein erlaubtes Gewerbe war, und in Sparta für eine preiswürdige Kunst galt. Dort bildeten die Diebe eine förmliche, gesetzlich autorisirte Zunft, mit einem öffentlichen Vorstande und einem öffentlichen Geschäftslocal, wo das gestohlene Gut abgeliefert werden musste und andern Tages von den Eigenthümern gegen Erlegung mässiger Procente des Werthes wieder in Empfang genommen werden konnte; ausser den zünftigen Dieben gab es keine; bestraft wurde nur wer sich ertappen liess. Bei den Spartanern diente die Anleitung zum Entwenden sogar bekanntlich als ein Erziehungsmittel, und seine glückliche Ausführung zog eine öffentliche Belobung nach sich. — Freilich liegen hier sehr roh naive, unklare Anschauungen des unter vielfachen schmerzlichen Entbehrungen ausreichen, und arm endlich wem es trotz der äussersten Entbehrung an hinreichenden oder überhaupt an allen Subsistenzmitteln gebricht. — Alle diese Stufen werden durch mannigfaltige Uebergänge verknüpft.

Fasst man nun das Proletariat als Summe der Mittellosen, Dürftigen und Armen auf, so steht dasselbe als eine ungeheure überwiegende Masse dem Reichthum und dem wohlhabenden nach beiden Seiten hin immer mehr zusammenschmelzenden Mittelstande gegenüber. Im engern Sinne aber begreift es bloss die Dürftigen und Armen, und im engsten ausschliesslich den Stand der absoluten Armuth. Nur im ersten und zweiten Sinne ist es theilweise von antikem Gepräge oder antiken Ursprungs, im letzten aber trotz des antiken Namens nur eine Missgeburt der neuern Jahrhunderte. Denn im Alterthum, so wie auch im Mittelalter, gab es wohl Mittellose und Dürftige, aber keinen Stand der absoluten Armuth, die immer nur zufällige Ausnahme blieb, bis sie in den neueren Zeiten allmählig zu einer furchbaren Regel anschwoll.

Und worin nun liegt der Grund dieser Erscheinung? Man hat ihn längst erkannt und oft bezeichnet.

Im Alterthum lebten die Einzelnen noch mehr oder minder in gebundenen Verhältnissen, die aus den rohesten Naturprincipien heraus sich gestaltet hatten. Selbst da wo, wie in Griechenland und Rom, das Princip der Freiheit erwachte, blieb diese immer nur ein Vorrecht und Erbtheil der Minderzahl, während der Ueberrest der Staatsinsassen sich nach verschiedenen Graden äusserer Abhängigkeit bis zur rohesten Knechtschaft hin abstufte; der Staat, kann man sagen, begann oben mit der Freiheit und endete unten mit der Sklaverei. Diese, im weitesten Sinne genommen, ist das eigentliche Princip des Alterthums auf dem Felde, mit dem wir es hier zu thun haben. In den asiatischen Despotien war sie vollends die Grundlage der gesellschaftlichen Zustände; in Indien und Egypten wurde sie wesentlich durch das Kastenwesen ersetzt, das jede freie Regung des Einzelnen, jede Selbstbestimmung durch seine schroffe Abgeschlossenheit unmöglich machte.

Aber eben diese mehr oder minder gebundenen Verhältnisse, — wie sie selbst noch in der Gliederung der freien Staatsbürger, in den Geschlechterverfassungen Griechenlands und Roms, in dem communistischen Gesellschaftsprincip der dorischen oder lykurgischen Gesetzgebung, sowie in der Clientel Italiens und in unzähligen anderen Erscheinungen bald stärker bald schwächer sich abspiegeln, — jene starre Geschlossenheit des Kastenwesens, jenes durchgängige System der Sklaverei: alle diese Momente der Unfreiheit waren es doch zugleich, welche auf der andern Seite einer gänzlichen Verarmung der Einzelnen vorbeugten, die unfreiwillige absolute Armuth fast zur Unmöglichkeit machten. Denn durch die Abhängigkeit war auch die Subsistenz der Betheiligten gesichert; ein Netz von Verpflichtungen hielt das Ganze und alle Einzelnen aufrecht; und denkt man sich einen Fall der äussersten Bedrängniss, wo aus Mangel an Leibesnothdurft selbst das Dasein auf dem Spiele stand, so blieb doch immer noch ein letztes, ein sicheres wenn auch trauriges Auskunftsmittel zur Fristung des Lebens übrig: die Verpfändung und der Selbstverkauf als Sklave. Dazu kam es aber im ruhigen Gange der Dinge verhältnissmässig höchst selten, und eben dies beweist zur Genüge, dass der Nothstand des Einzelnen im Grunde doch nie eine extreme Höhe erreichte. Nur plötzliche Stockungen des Verkehrs, nur unvorhergesehene Zufälle wie Krieg und Hungersnöthe, ausgebeutet — wie in Rom — durch ständische Intriguen und unerhörten Wucher, konnten ein vorübergehendes Elend in weiteren Kreisen erzeugen, dessen Verantwortung den Regierungen anheimfiel, die es an hinreichender Vorsorge und Uneigennützigkeit fehlen liessen. Drohte es aber ja einmal von längerer allseitig lästiger Dauer zu werden, so wusste man jederzeit mit der grössten Gewandtheit durch Colonisationen ihm einen leichten und dem Staate erspriesslichen Abfluss zu verschaffen.

Zwar traten allerdings auch im Alterthum zuweilen ähnliche Zustände und Erscheinungen ein wie in neuerer Zeit;

Lebens und seiner Aufgaben zu Grunde, wie sie eben nur der Naturstufe in der Bildung des Alterthums gemäss waren; immerhin aber ersieht man daraus, dass jene Zeiten den Diebstahl sich deshalb nicht als Verbrechen dachten, weil er eben nicht als Verbrechen ausgeführt ward, d. h. in der Absicht das gestohlene Gut in ein unrechtmässiges Eigenthum zu verwandeln, sondern vielmehr nur als eine Probe ausgezeichneter List und Gewandtheit, in der Absicht dafür Lohn oder Lob zu erwerben. — Das sittliche Urtheil konnte sich nicht eher entwickeln, ehe nicht die unsittliche That durch die Wandlung der Motive den Charakter der blossen Naivität mit dem der bewussten Schuld vertauschte. Und diese Wandlung der Motive trat augenscheinlich erst mit den Zeiten des Verfalles ein, in eben dem Maasse als die Ansammlung des Besitzes in den Händen Weniger immer grössere Kreise von Mittellosen und Dürftigen schuf. — Vor rücksichtsloser Verdammung jener Erscheinungen einer noch unentwickelten sittlichen Bildung mögen übrigens die Zeiten sich wohl hüten, die trotz ihres gereiften Bewusstseins die Unzucht noch immer als ein öffentliches Gewerbe gesetzlich anerkennen. —

Das antike Gesellschaftsprincip der Sklaverei bezeichnete unter allen Umständen einen der Menschheit unwürdigen Standpunkt, von dem sie sich nothwendig befreien musste; und diese Befreiung vollzog das Mittelalter durch den Einfluss der christlich germanischen Ideen. Vielleicht aber würde eben deshalb ein grosser Theil der Welt schon damals dem Extrem der Verarmung preisgegeben worden sein — wie es denn in den Jahrhunderten des Ueberganges, wo sich die Verhältnisse noch nicht abklärten und die gegensätzlichen Ideen im Kampfe lagen, wirklich geschah —, hätte nicht zugleich das Mittelalter allmählig neue und straffe Bande geschaffen, welche, indem sie der Freiheit Abbruch thaten, doch der Verarmung abhalfen und vorbeugten.

An die Stelle der Sklaverei trat das gelindere Princip der Leibeigenschaft und des Nexus oder der Abhängigkeit, in allen Bezügen des gesellschaftlichen Lebens, im weltlichen wie im geistlichen Stande, im militärischen wie im bürgerlichen, im bäuerlichen wie im städtischen Leben, oder mit anderen Worten — das System des Lehns- und Zunftwesens, der Hierarchie und des Klosterverbandes. Jede gesellschaftliche Ordnung bildete eine aufsteigende Kette, jeder Einzelne einen grössern oder kleinern Ring derselben.

Diese Geschlossenheit der Verhältnisse setzte der Verarmung wiederum einen mächtigen Damm entgegen, indem sie die Subsistenz aller Glieder sicherte, ein gänzliches Verkommen des Einzelnen nicht wohl zuliess. Wo aber etwa, seit der schwunghafteren Entwicklung des Städtewesens und des Verkehrs, in diesem oder jenem geringeren Lebenskreise eine gleich strenge Gliederung nicht statt fand: da blieb immer noch dem durch Zufall, Unglück, Chicane oder Arbeitslosigkeit in Nothstand gerathenen Freien das Rettungsmittel übrig, dass er seine Unabhängigkeit freiwillig preisgab und in eine der vorhandenen unfreien und deshalb zugänglichen Gliederungen eintrat, indem er etwa, wofern er ein bäuerliches Gut besass, dies einem Reicheren zu Lehn auftrug, oder sich einem Höheren als leibeigen ergab, oder indem er durch Annahme der Mönchskutte dem weltlichen Leben ganz entsagte. Die Zünfte waren nur für das jüngere Alter zugänglich, sie nahmen nur Lehrlinge auf; wer aber einmal in sie eingedrungen war, blieb vermöge der Zwangsrechte vor jeder Hülfsbedürftigkeit geschützt.

Indessen auch diese gesellschaftlichen Grundsätze und Verhältnisse, wenngleich sie ein Hemmschuh der Verarmung waren, entsprachen nicht der Würde des Menschen und seiner betriebsamen Natur; auch sie mussten der vorwärtsschreitenden Entwicklung des menschlichen Geistes erliegen.

Hatte das Mittelalter den Druck der Sklaverei gelöst und an dessen Stelle den Zwang des Lehns-, Zunft- und Klosternexus gesetzt, so waren es nun die neueren Jahrhunderte welche auch diesen allmählig verdrängten und statt dessen vielmehr die volle Freiheit der Person, der Gewerbe und des christlichen Lebens in der Gestalt des Protestantismus, proclamirten. Dies war der zweite grosse Act in der Befreiung des Individuums und unfehlbar ein grossartiger Fortschritt zur sittlichen Freiheit des Menschengeschlechts überhaupt.

Nicht überall hat das moderne Gesellschaftsprincip der Freiheit den Sieg über das mittelaltrige errungen; aber wo es zur Herrschaft gelangt ist, da stellt sich die Neuzeit in ihren höchsten Culturstufen dar. Denn die Spitze der Geschichte führen stets die Völker und Staaten, welche in der Umwandlung ihrer selbst am wenigsten ruhen und rasten.

Seit der Reformation, welche die Klöster aufhob, hat jene Bewegung der Emancipation nachhaltig begonnen. Und vorzugsweise im Bereiche des Protestantismus sind das Lehnswesen und die Leibeigenschaft dem freien Landeigenthum, der Zunftzwang der Gewerbefreiheit gewichen. Die Wirkungen dauern noch fort; der Act ist noch unvollendet, hat vielleicht erst den kleinsten Theil seiner Entfaltung durchmessen; doch ein neuer glänzenderer Abschnitt desselben steht auf allen Gebieten des Lebens augenscheinlich bevor, wofern nicht die Zeichen der Zeit gänzlich trügen und Untergang ist, was als Aufgang erscheint.

Denn mit grossen Umwandlungen zum Guten pflegen für die ersten Stadien seiner Entwicklung meist grosse Uebel verknüpft zu sein. Sie treten durch dasselbe Thor zugleich mit der Freiheit herein; anfangs unbeachtet, brechen sie allmählig mit ungeahnter schwellender Kraft hervor; unaufhaltsam wachsen sie so lange, bis man ihnen entgegenzuwirken die rechten Mittel findet, — die Mittel durch deren Anwendung man ihnen von vornherein hätte vorbeugen können, wäre nur eben die richtige Würdigung der Dinge immer schon mit den Dingen selber da.

Also geschah es auch bei der Umwandlung der socialen Principien durch die Neuzeit. Mit dem Heraustreten aus dem Nexus, aus dem Lehns- und Zunftverbande, aus der geschlossenen Gliederung, wurde das Individuum zwar frei, erlangte der Einzelne zwar persönliche Selbstständigkeit; aber zugleich wurde er eben dadurch sich selbst überlassen, seine Subsistenz mehr oder minder dem Zufall preisgegeben. Mit der Freiheit trat also die Isolirung ein, und mit ihr die Verlassenheit in Fällen der Noth. Diese musste um so rascher steigen und sich verbreiten, je rücksichtsloser die Grundsätze der Freiheit zur Ausführung kamen und der Willkür des Einzelnen Alles anheimgestellt ward. Die Anerkennung der Theilbarkeit des freien Landeigenthums führte auch bei kleineren Grundstücken zu masslosen Parcellirungen, die ebensosehr wie die grossen Latifundien die Feinde dauernder Wohlfahrt sind. Die Gewerbefreiheit andererseits bewirkte eine masslose Concurrenz, welche zu Erfindungen trieb die das Maschinenwesen zur Herrschaft geleiteten; das war ein Riesenfortschritt unserer Zeit, ohne Bedenken des Preises würdig und an Zukunft reich; aber der Riese trat für den Augenblick Hunderttausende — auch unter den Bemittelten — nieder, die nun als klägliches Gewürm an seinen Fersen hängen und sich nicht wieder aufzurichten vermögen.

So brachte die volle Freiheit des Einzelnen in der Verwendung seiner Kräfte, mehr als unter unfreien oder gebundenen Verhältnissen möglich ist, Erwerb und Besitz in Unsicherheit, gab den wohlhabenden Mittelstand der zersetzenden Auflösung preis, und trieb den Gegensatz von Reich und Arm in steigender Progression immer weiter und schroffer auseinander.

Nun liegt die Kluft vieler Orten in so schreckbarer Gestalt vor Augen, dass man daran verzagen dürfte, ob eine Ueberbrückung noch möglich sei. Denn nachdem man einmal die Mittel verabsäumt, den schädlichen Folgen der Freiheit vorzubeugen, ist nunmehr die Aufgabe eine zwiefache und daher doppelt schwierige: nämlich die schon eingetretenen traurigen Wirkungen möglichst zu beseitigen und zugleich ihren Wiedereintritt für die Zukunft unmöglich zu machen, die Auswüchse der Freiheit zu tilgen ohne den befruchtenden Kern ihres Daseins zu verletzen oder das üppige Gedeihen ihrer Blüthen in Gefahr zu bringen.

Sind denn nun aber jene Wirkungen in der That so trauriger und entmuthigender Art? So hört man wohl auf dieser oder jener Seite fragen.

Freilich, wer seinen Blick nur immer über die Oberfläche des Lebens hingleiten lässt, wer nur den lieblichen Wechsel der Hügel und Thäler, nur die anmuthig prangenden Triften und Gärten, nur den glatten Spiegel der Gewässer oder das zarte Gekräusel ihrer Wellen wahrnimmt, wer Alles nur im milden Duft der Lüfte athmen, Alles nur im goldnen Sonnenstrahl erglühen oder im silbernen Mondesglanze lächeln und flimmern sieht: der erfreut sich des Anblicks der Erde, dem ist die Welt ein Paradies, dem erscheint das Leben für Alle hell und freundlich, für Alle süss und schön und wonnereich; denn er selber „athmet im rosigen Licht."

Doch wer diesen rosigen Schleier zu lüften wagt der das Innere des Daseins verbirgt, wer hinunterblickt in die schwindelnde Tiefe, wer sich vergräbt in die Höhlen der Erde, wer sich hinabsenkt in die Abgründe der Meere, wo es wimmelt „von Salamandern und Molchen und Drachen": der wird es wahrnehmen, dass auch die Welt ihre Schattenseite hat, der wird erkennen, für wie unzählige Geschöpfe das Leben eine rabenschwarze Finsterniss ist, der wird auch das Bittere und Widrige und Schmerzensreiche kosten, und zurückkehren mit der Meldung: „da unten aber ist's fürchterlich!"

Blicke in den Nothstand der Gegenwart.

Schauen wir nur forschend und sinnend um uns, und wir werden den Umfang und die Tiefe des Elends ermessen!

Wenn in den blühendsten Zeiten des römischen Alterthums der dritte Theil der Bevölkerung aus wohlgenährten Sklaven bestand, so besteht heut zu Tage in den blühendsten Staaten Europas eben dieser dritte Theil der Bevölkerung aus hülfsbedürftigen und bettelnden Freien. — Wählen wir zur Begründung dessen ein Land, das in der Entwicklung des Pauperismus eine mittlere Stellung einnimmt,

Die Bevölkerung Frankreichs beläuft sich nach der neuesten Zählung auf wenig mehr als 34 Millionen (34,194875), und darunter sind nicht weniger als 8 Millionen Dürftige und 3½ Million Bettler (mehr als ein Zehntel der Gesammtheit), zusammen 11½ Million Hülfsbedürftiger. Also von je 3 Personen in Frankreich bedarf eine der Unterstützung Anderer. Und ähnlich stellt sich auch in den anderen Staaten das Verhältniss heraus; denn wenn in England — wie officiell feststeht — der zehnte Theil der Bevölkerung die Armensteuer geniesst, so darf man doch füglich annehmen, dass mindestens mehr als die doppelte Zahl von Bedürftigen ausserhalb des Bereiches dieser Beneficien steht. — Nun aber ist alle Gefahr vorhanden, dass diese schon an sich schreckhafte Ausdehnung des Nothstandes noch fortdauernd und in steigender Progression wachsen werde, wenn ihm nicht zeitig genug Einhalt gethan wird. Nach den von dem Wohlthätigkeitsbüreau des ersten Arrondissements von Paris veröffentlichten Listen betrug im Jahre 1835 die Zahl der armen Familien in demselben 1645 mit 3599 Mitgliedern, im Jahre 1843 aber 2445 Familien mit 5242 Mitgliedern; die Armuth hat sich also hiernach innerhalb 8 Jahre fast genau um die Hälfte oder um 50 Procent vermehrt. Nähme man diesen Satz als Masstab, so würden schon 16 Jahre hinreichen, um die Summe der Hülfsbedürftigen zu verdoppeln. Und doch eröffnen die Steigerungen der letzten Jahre noch eine weit betrübendere Aussicht! Denn von 1835 bis 1841 war die Zahl der armen Familien von 1645 doch nur auf 1742 gestiegen, also in 5 Jahren kaum um $\frac{1}{16}$. Dagegen stieg sie bis 1842 auf 2127, und bis 1843 eben auf 2445 Familien, also in jedem dieser Jahre regelmässig fast um $\frac{1}{5}$ oder um beinahe 20 Procent. Danach würde also bei gleichmässigem Anwachs das Proletariat schon innerhalb 5 bis 6 Jahren sich um das Doppelte vermehren. — Welch ein furchtbares Prognostikon für die nächste Zukunft, wenn man diese Proportionen im Kleinen auf die im Grossen anwenden dürfte. Dann müssten schon um die Mitte dieses Jahrhunderts zwei Drittheile der Bevölkerung in den civilisirten Staaten Europas dem Proletariat angehören oder der Hülfsbedürftigkeit verfallen sein.

Wollen wir nun aber auch hoffen dass eine solche Befürchtung ausschweifend wäre, und kommen auch eine Menge von Umständen in Betracht, welche die Anwendung jener Proportionen unzuverlässig und im Grossen und Ganzen eine allmähligere Steigerung wahrscheinlich machen: so genügen doch gewiss schon diese wenigen Thatsachen, um uns ein Erbeben abzunöthigen und die Gegenwart als trostlos, die Zukunft als in hohem Grade gefahrvoll erscheinen zu lassen, wenn nicht fortan die Gesammtkraft Aller darauf sich richtet, in die sausend dahinrollenden Räder der Entwicklung einzugreifen, ehe sie im krachenden Zusammenstoss mit gegnerischen Entwicklungen sich und diese zugleich zerschellt.

Und dieses Elend nun breitet sich vorzugsweise aus über die sogenannten arbeitenden Klassen, wohin wir diese 5 rechnen: die Handwerker, die Feldarbeiter, die Fabrikarbeiter, die Dienstboten und die Tagelöhner.

Hat der Einzelne die Kraft ihm zu widerstehen? Ist es seine eigene Schuld oder das Schicksal, welchem er unterliegt? Sind es die allgemeinen Gebrechen der Zeit, die ihn immer tiefer und tiefer in Armuth versenken? Ja wohl! In den meisten Fällen sind es unbedenklich die Mängel, welche an dem Organismus unserer Gesellschaft haften. Es sind vor allem die Uebel die zugleich Güter, oder die Güter die zugleich Uebel sind. Es sind die Schattenseiten der Civilisation und der Freiheit, an die man nicht gedacht als man deren Lichtseiten schuf. Es ist die sogenannte Uebervölkerung, der vermeintliche Ueberfluss an Kräften, d. h. die üppige Fruchtbarkeit des Menschengeschlechts, deren absolute Vortheile sich nur deshalb in relative Nachtheile verwandeln, weil man sie nicht in nutzbringender Weise zu vertheilen, hierhin und dorthin zu leiten versteht. Es ist das in der Spaltung und Sonderung der Thätigkeiten stets feiner und minutiöser verfahrende Princip der Arbeitstheilung, sowie die unaufhaltsam wachsende Zahl der Erfindungen und Entdeckungen in der Technik, der Mechanik und allen Gebieten der Naturwissenschaft, welche, indem sie die Erzeugung in grossartiger, bewunderungswürdiger Weise immer mehr und mehr erleichtern und beschleunigen, auch in dem gleichen Verhältniss das Bedürfniss an menschlichen Arbeitskräften immer mehr und mehr verringern. Es sind endlich unzählige Conjuncturen und Krisen in den Verhältnissen der Production und Consumtion, welche mannigfaltige doch meist nur temporäre Schwankungen hervorbringen, und daher minder für Ursachen als für Hebel und Anlässe des Pauperismus gelten können; sowie vielfache locale Misstände, die zu beseitigen eben nicht der Einzelne, sondern nur der Staat vermag, theils durch rechtzeitige Reformen seines Zoll- und Wirthschafssystems, theils durch ausserordentliche kräftig eingreifende Massregeln, welche den überflüssigen Producten und Arbeitskräften Abfluss verschaffen, oder den Verkehr und damit die Arbeit in stetem Zuge erhalten; denn der Verkehr ist der Blutumlauf in dem Organismus der Gesellschaft und des Völkerlebens, daher alle Hemmnisse des ersteren eine Stockung in dem letzteren erzeugen müssen.

Welches aber auch hier oder da der vorwiegende Grund der Verarmung sei, der Process der letztern ist überall derselbe; jede Bedingung ruft die gleichen Erscheinungen und Wirkungen hervor. Um daher ein Bild von dieser Art der Verarmung, von der Tiefe des Nothstandes der Einzelnen und von der Schwere seiner moralischen Folgen zu gewinnen, genügt es wenn wir nur Eine jener Ursachen als Ausgangspunct uns vergegenwärtigen, und an ihr alle Folgen entwickeln. Welche aber könnte beachtenswerther sein als eben die, welche für die Bodencultur und den Gewerbebetrieb die Schattenseite der Freiheit bildet, und daher in beiden Beziehungen einen ganz analogen Charakter entfaltet.

Denn was auf der einen Seite, auf dem Gebiete des Landbaues, die grossen Güterverschmelzungen und die masslosen Zerstückelungen: das sind auf der andern, auf dem Gebiete der Industrie, in genau entsprechender Weise die grossen Manufacturen und die unbegrenzte Gewerbefreiheit. Man könnte jene die Manufacturen und die Gewerbefreiheit des Landbaues, diese die Latifundien und die Parcellirungen der Industrie nennen. Wie jene den kleinen Grundbesitzer, so erdrücken oder pulverisiren diese den kleinen Gewerbetreibenden; und wie dann der erstere zuletzt gern bei einem grossen Gutsherrn ein Unterkommen als Tagelöhner sucht um nur sein Leben zu fristen, so sieht sich der letztere endlich genöthigt einem Fabrikherrn als Arbeiter seine Dienste anzubieten.

Doch wie nun, wenn das Angebot von Arbeitskräften, wie es eben in Folge dieses Herunterkommens und des steten Zuwachses der Bevölkerung so vielfach der Fall ist, den Bedarf bei weitem übersteigt? — Dann steht der verarmte Handwerker oder Landmann, gleichwie der bei misslichen Conjuncturen oder gar wegen Krankheit entlassene Fabrikarbeiter, Dienstbote oder Tagelöhner — vielleicht das Haupt einer zahlreichen unmündigen Familie — plötzlich ohne Brod und ohne Arbeit da, zugleich hülfsbedürftig und doch verlassen; ein Bettler, wenn er es vermag Almosen zu suchen, die sein Ehrgefühl verletzen und seiner Noth nicht steuern. Eine Fluth widerstreitender Gefühle muss sich seiner bemächtigen. All' sein Fleiss, all' seine Treue haben ihm nichts genutzt. Im Schweisse seines Angesichts erwarb er den kärglichen Lohn, und nun ist er vielleicht von der Anstrengung gar siech und krank, liegt matt auf seinem kümmerlichen Lager, ungewiss ob mehr der Schmerz seiner Krankheit oder der Anblick seiner gebeugten und hungernden Familie ihn quält. Ohne seine Schuld sieht er sich am Rande des Verderbens. Die Gesellschaft kümmert sich seiner nicht oder stösst ihn zurück. Was soll er da beginnen? Niemanden kann er sich als Sklav verkaufen, ob er's auch möchte; denn die Geschichte und das Gesetz haben ihm ja das Glück der persönlichen Freiheit geschenkt! Niemanden kann er sein Gut und sich selbst zu Lehn und leibeigen ergeben, ob er's auch wollte; denn die Geschichte und das Gesetz haben ihm ja das Glück vollkommener Selbstständigkeit verbürgt! Trotz seiner Freiheit ist er ärmer als der Sklav des Alterthums, trotz seiner Selbstständigkeit ärmer als der Hörige des Mittelalters! Auch keine Zunft mehr kann ihn schützen; denn die Zunftbande sind ja zersprengt. Kein Kloster kann ihm seine Pforten öffnen; denn die Reformation hob ja die geistlichen Asyle auf. Und sucht nicht selbst der katholische Proletarier überall eher eine Zufluchtsstätte als in

Klöstern, weil die religiöse Energie schon bei weitem in der Mehrzahl der katholischen Christenheit erloschen ist und dem mönchischen Leben, wenn auch nicht immer dem Stande, unüberwindliche Antipathien mehr und mehr entgegentreten? Oder es müssten denn, wie in Belgien so häufig geschieht, die Armen die Mönchskutte nur missbrauchen, um desto ungestörter die Bettelei zu betreiben.

Sittliche Folgen.

Und wenn nun dergestalt den Verlassenen trotz aller erneuten Versuche Niemand unter seine Arbeiter oder in sein Gesinde aufnehmen mag, weil Niemand aus blosser Gnade einen Löhner mehr beschäftigen will als er nothwendig muss, oder auch nur umsonst einen Esser mehr haben als er braucht, — wenn er, wohin er sich auch wendet, zu welchen niedrigen und wohlfeilen Diensten er sich auch erbietet, nirgend ein Amt, einen Dienst oder eine Arbeit, nirgend Zuflucht und Unterkunft findet, — wenn ihm alles, alles abgeschlagen wird von seinen Mitbrüdern, wenn jegliche seiner Bemühungen scheitert, wenn ihm das Herz der Menschen verstockt erscheint: was bleibt ihm dann noch übrig? — Der Glaube? die Hoffnung? die Liebe? —

Wohl sollte es also sein und würde es zum Theil wenigstens sein, wenn unsere Erziehung, unsere Gesellschaft eine andere, das Selbstgefühl und das Vertrauen in allen Ständen gleicherweise belebende und kräftigende wäre. So aber ist auch das Resultat der Gemüthsstimmungen in dem armen verlassenen Dulder der unteren Klassen gemeinhin ein ganz anderes, entgegengesetztes. Und wenn ihm also der sittliche Halt gebricht oder verloren geht, wenn der Glaube an sich selbst, an die Menschen und an Gott unter den Bedrängnissen in ihm erlischt, wenn er sich ausgestossen wähnt für immer aus der menschlichen Gesellschaft: wohin anders wird dann — wir ersehen es ja aus unzähligen Fällen — diese gänzliche Hoffnungslosigkeit ihn führen, als dahin dass er auch seinerseits die Gesellschaft von sich stösst, und entweder in bitterer Resignation die Hände in den Schooss legt um zu verhungern, oder in krampfhafter Verzweiflung sie zu Unthaten missbraucht um zu leben. Denn beides, die Resignation wie die Verzweiflung, entsittlicht ihn. Jene lässt ihn in Stumpfsinn und Lebensüberdruss, diese in verbrecherische Leidenschaften und Laster gerathen. Beide entwickeln in ihm die Menschenverachtung und den Menschenhass, die ihn befähigen, in den Zeiten plötzlicher Aufregungen und grosser Krisen eine blinde Rache an der menschlichen Gesellschaft auszuüben, in der er die alleinige und absichtliche Urheberin der ihn lähmenden und beengenden Verhältnisse zu erblicken sich gewöhnt hat.

Hier also thut sich eine unerschöpfliche, eine unsäglich schmerzensreiche Quelle der Sittenlosigkeit und zugleich der Gefahren auf. Von hier aus schwellen die verbrecherischen Triebe zu einem immer furchtbarer fluthenden Strome an, der seine einzelnen vergiftenden Canäle, Bäche und Rinnen durch alle Adern des gesellschaftlichen Körpers ergiesst. Von hier aus ergeht die Losung zum Kampfe um Sein und Haben, der geheime und offene Krieg der Armuth mit dem Reichthum. Von hier aus entwickelt sich der unselige Wahn, dass Tugend kein Verdienst und Verbrechen keine Sünde sei. Wie wenige unter denen die sich an dem Eigenthum Anderer vergreifen, sehen es ein dass sie im Unrecht sind! Und wie unendlich weit verbreitet sind diese Angriffe auf fremdes Gut! In allen ihren Mitteln als Betrug, Wucher, Entwendung und Raub, verzweigen sie sich durch alle Fibern der Gesellschaft von den niedrigsten Regionen aufwärts, nur oft unter humaneren oder diplomatischeren Benennungen als Veruntreuung, Uebervortheilung oder Speculation, bis in die höheren und höchsten hinein, ohne dass wir gerade an die groben spitzbübischen Manipulationen eines Qnintanilla Montoya zu denken brauchten. Denn durch das stete Anschauen oder die stete Erfahrung des Unrechts oder des Verbrechens erzeugt sich das letztere auch da allmählig wo keine Noth den Antrieb giebt, indem die Gewöhnung daran den Gleichmuth dawider entstehen, und so jenen traurigen die moralischen Begriffe verwirrenden Wahn in alle Gebiete des materiellen Verkehrs und somit in alle Sphären des gesellschaftlichen Lebens sich wuchernd hineinranken lässt. Kein Wunder, wenn dergestalt gegenwärtig in den civilisirten Staaten die Zahl der Verbrechen sich jährlich um **4** bis **5** Procent steigert! Ist sie doch in England in den letzten **7** Jahren nach amtlicher Angabe um nicht weniger als **33** Procent gestiegen (von **20,984** auf **29,591** Fälle)! —

Hier also muss geholfen werden! Hier ist eine Seuche die rasend wächst, und die zuletzt — bleibt sie ungehemmt — Alles mit sich fortreissen muss. Noch ist es Zeit sie zu hemmen. Es bedarf aber eines eisernen Willens, ernster Entschlüsse und freudiger Opfer. Es bedarf einer gründlichen Kur, eines Baues der bis in die fernste Zukunft der Constitution des gesellschaftlichen Körpers die Gesundheit verbürgt. Man hüte sich also vor blossen Palliativen, die das Uebel höchstens für den Augenblick, die Heilung aber auf die Dauer hemmen! Das Hauptmittel, welches die Staatspraxis bisher und schon sehr früh gegen den Pauperismus geltend gemacht, ist die Verpflichtung der Gemeinden zur Unterhaltung ihrer Armen. Allein dies Mittel, so nachtheilig als es anerkannterweise in sittlicher Beziehung namentlich in England gewirkt hat, ebenso unzureichend hat es sich auch in materieller überall erwiesen. Die meisten unserer modernen Armenverwaltungen — wer zweifelt heut noch daran? — gehören eben nur zu jenen oberflächlich wirkenden und doch höchst kostspieligen Palliativen, weil ihr Zweck meist ausschliesslich die sogenannte Wohlthätigkeit ist, weil sie nicht die Quellen der Armuth sondern nur den Armen den Mund stopfen, weil ihre Gewährungen für die Empfänger bloss Akte der Gnade sind, während ihre Ansprüche an die Geber oft als Akte des Zwanges erscheinen, insofern sie durch Armentaxen oder Armensteuern bedingt werden. Gründliche Heilmittel sind nur solche, welche auf der Grundlage freier Uebereinkunft und gemeinsamen Wollens und Handelns von beiden Seiten erbaut sind, welche eben deshalb nicht sowohl unmittelbare Gnaden als mittelbare Rechte gewähren, welche nicht bloss die Triebe des Magens zu stillen, sondern den ganzen Menschen zu leiblicher, geistiger und sittlicher Gesundheit, zum Bewusstsein und zur Liebe, zum Glauben an sich selbst, an die Menschen und an Gott zu erziehen geeignet sind.

Eine der traurigsten Folgen des Pauperismus ist die Lockerung der Familienbande, die Erschütterung der ehelichen Verhältnisse, die Untergrabung des häuslichen Sinnes; denn die nächsten Anlässe dazu sind fast immer die Schwierigkeiten einer standesgemässen oder hinreichenden Subsistenz. — Es wird immer zwei Arten von Charakteren geben, auf der einen Seite leichtsinnige und kecke, auf der andern zaghafte und bedächtige. Daher geschieht es dass die Einen trotz der Unsicherheit ihres Erwerbes in unvorsichtigem Wahn nach häuslichem Glück zu ringen wagen, und dass die Anderen wegen dieser Unsicherheit mit vorsichtiger Selbstüberwindung auf eben dies Glück wenn auch zögernd verzichten. Beides nun, das Heirathen wie das Nichtheirathen, gereicht unter solchen Umständen zum Verderben. Denn das häusliche Elend, das dann nur zu leicht im Gefolge der Ehe eintritt, führt auf der einen Seite nur zu häufig in rascher Steigerung von der Verstimmung zum Unfrieden, zu ehelichen Zerwürfnissen, wohl gar zu leidenschaftlichen Thätlichkeiten, und endlich zur gänzlichen Sprengung der Familienbande; daher die wachsende Zahl der Ehescheidungen, deren sittliche Wehen auf beide Theile, zumal aber auf das schwankende Gemüth der Kinder einen höchst nachtheiligen Einfluss ausüben; noch weit nachtheiliger jedoch würden die Wirkungen sein, wenn durch eine übermässige Erschwerung der Scheidungen solche Familienbande gewaltsam aufrechterhalten würden, die der aufwachsenden Generation ein unheilvolles Vorbild gewähren, und deren erzwungenes Fortbestehen leicht dahin wirken kann, dass die Scenen der Spannung in immer grössere Leidenschaftlichkeit ausarten, endlich vielleicht selbst bis zum Verbrechen sich steigern. Wie dem aber auch sei, so wie so wird der häusliche Sinn auf diesem Wege untergraben. Nicht minder aber auch auf der andern Seite durch die Ehelosigkeit, welche zur Ungebundenheit, und allmählig zu immer massloseren Ausschweifungen führt. Daher die wachsende Zahl der unehelichen Kinder und der öffentlichen Mädchen.

Eine nicht minder unheilbringende und eng damit zusammenhängende Folge ist die moralische Verwilderung der heranwachsenden Generationen selbst, die von Jugend auf der Leibesnothdurft halber zum Broderwerbe in Fabriken angehalten, und durch das elterliche Beispiel meist an die Anschauung des Lasters schon gewöhnt, aus der gemeinsamen Beschäftigung nunmehr die rohen Triebe entwickeln, die zumal das weibliche Geschlecht immer tiefer und tiefer sinken lassen, bis in der dumpfen Atmosphäre die letzten Keime tugendhaften Sinnes ersticken und vermodern. Die Fabriken, in denen die Knaben und Mädchen der Armen den ganzen Tag hindurch zu arbeiten verdammt werden, sind in der That die colossalsten Schulen des Lasters, die Treibhäuser der Prostitution, aus denen vorzugsweise die Schaaren der öffentlichen Dirnen, wie die Polizeiannalen zur Genüge darthun, ihre Lücken doppelt und dreifach ergänzen.

Alle diese unglückseligen Erscheinungen hat vor Allem der Staat zu beachten und zu bekämpfen, weil durch sie seine eigenen Geschicke bedingt sind. Denn wo erst unter einem Volke der häusliche Sinn verschwindet, die Ehe in Misscredit geräth, Unzucht zur Tagesordnung wird und drückende Familienverhältnisse eine Hauptquelle der Leidenschaften, der Laster und Verbrechen werden: da geht die Sittlichkeit des Volkes mit Riesenschritten zu Grabe, da bahnt sich der Ruin des Staates an. Will aber der Staat jene Erscheinungen mit Erfolg bekämpfen, so greife er sie nicht, wie leider so oft geschieht, an ihrer Oberfläche, sondern an ihrer Wurzel an. Und diese Wurzel liegt eben in der Schwierigkeit des Erwerbes, in der Unsicherheit der standesgemässen Existenz, mit einem Wort in dem immer weiter und tiefer sich verzweigenden Nothstande. Ist man nur gegen diesen erst mit Erfolg eingeschritten, dann wird sich auch von selbst die Zahl der Ehescheidungen, der unehelichen Geburten und der öffentlichen Dirnen mindern. Gesetze welche die ersteren erschweren und die letzteren aufheben — an sich Zeichen einer preiswürdigen sittlichen Gesinnung — kommen doch, weil sie nur gegen die äussere Erscheinung curiren, so lange zu früh, bis auch gegen die inneren Triebe derselben, sei es von Seiten des Staates oder der bürgerlichen Gesellschaft, energische Mittel ergriffen sind. Wenn die Wirksamkeit der sich bildenden Vereine für das Wohl der arbeitenden Klassen und die Staatsgesetzgebung Hand in Hand gehen auf der Bahn der richtigen Erkenntniss und entsprechender Anwendung: nur dann lassen sich grosse gemeinsame Erfolge für alle Zukunft erwarten.

Freilich sind es, wie ich schon angedeutet, nicht bloss die sogenannten arbeitenden Klassen, welche an dem Elende der Zeit kranken. Auf alle Klassen der Gesellschaft, wir dürfen es uns nicht verhehlen, haben vielmehr die Schattenseiten der Civilisation und der Freiheit gleich nachtheilig eingewirkt; alle sind von den Folgen derselben, von der Seuche der Verarmung und der Sittenlosigkeit mehr oder minder ergriffen worden. Es ist kaum Ein Stand, dessen Mitglieder nicht zum grossen Theil oder sogar der Mehrzahl nach in einer verhältnissmässigen Dürftigkeit lebten, weil das Einkommen des Einzelnen häufig kaum hinreicht ihn selbst, geschweige eine Familie, standesgemäss zu erhalten. Daher das Herabsinken vieler Familien zu einer kargeren Lebensweise als ihre Stellung in der Gesellschaft oder ihr Bildungsgrad beansprucht; daher auch in den höheren und mittleren Ständen die wachsende Schwierigkeit Ehebündnisse einzugehen; daher auch hier das Absterben des häuslichen Sinnes, das Umsichgreifen der Ehelosigkeit und das Einreissen eines mannigfaltigen Sittenverderbnisses. Ueberall stellt sich auch hier ein Missverhältniss zwischen dem Angebot und dem Bedarf der Kräfte heraus; überall findet eine Ueberfüllung, ein Ansammeln und Aufstaufen überflüssiger Kräfte statt, wodurch dann wiederum der Preis der Dienste sinkt. Es ist derselbe Druck der auf dem öffentlichen Lebensberuf und auf der Privatstellung lastet, dieselbe schwüle Atmosphäre welche alle Kreise des Beamtenstandes und alle Richtungen des bürgerlichen Gewerbes erfüllt, dieselbe Noth die in den Regionen des geistigen, des künstlerischen und wissenschaftlichen Strebens und im Bereiche des praktischen und materiellen Verkehrs sich geltend macht. Daher überall ein Verkommen derjenigen Kräfte, die bei der Menge der Andrängenden nicht den Wirkungskreis dem sie gewachsen sind, oder überhaupt gar keinen erringen können. Wie viele geistige Capacitäten und Talente, oft der bedeutsamsten Art, müssen sich nicht herabwürdigen zu niedriger und wohlfeiler Thätig keit um nur ihr Leben zu fristen! Wie viele denen auch dies nicht einmal gelingt, die bitter darbend mit völligem Untergange ringen, in Wohnungen hausend die vierfüssigen Geschöpfen anzuweisen mancher Reiche sich scheuen würde! Wir könnten die Beispiele mit Fingern weisen! Ein Glück dass es auf diesem Gebiete seltener an sittlichem Halt gebricht!

Verzweifeln wir indess nie an der Thatkraft der Menschheit! Gewiss kann auch in den höheren und mittleren Schichten der Gesellschaft Alles wieder ins Geleise gebracht, durch ein verständiges Hinüber- und Herüberleiten der Kräfte die Verhältnisse geebnet, das Gleichgewicht hergestellt werden, wofern man nur die Hülfsmittel beachtet, entwickelt und anwendet, welche auch hier die Natur dem ernsten Willen der Gesammtheit oder ihrer Organe an die Hand giebt.

Allein nicht Alles kann auf Einmal geschehen, nicht Alles was ausser Rand und Band gekommen mit Einem Wurfe von Neuem umrändert und bebändert, nicht auf allen Puncten die Desorganisation der Gesellschaft und der Arbeit gleichzeitig mit Einem Schlage zu harmonischem Organismus zurückgeführt werden. Unsere Zeit ist weder blind noch sündhaft genug, um nicht im Allgemeinen das Rechte zu sehen und zu wollen. Aber man erhebe die Stimme und rühre die Hand nur, wo man Helfer errufen und Früchte erreichen kann.

Deshalb thun die Privatvereine, für welche die Lösung der Gesammtaufgabe zu umfassend erscheint, sehr wohl daran, wenn sie mit der Lösung einzelner Theile derselben sich begnügen, wenn sie, wenigstens vorläufig und bis die Kräfte erstarken, die Grundsätze sich gliedern und regeln, ihr Augenmerk auf bestimmte Stände der Gesellschaft und gerade auf die sogenannten arbeitenden Klassen beschränken; nicht weil diese allein hülfsbedürftig wären, sondern weil in ihnen die

Kopfzahl der Hülfsbedürftigen die der übrigen Klassen allerdings bei weitem überwiegt, weil sie in der geistigen und sittlichen Bildung unter allen am meisten zurückstehen, und weil aus diesen beiden Gründen von ihrer Seite her der Gesellschaft die nächste und grösste Gefahr droht. *)

Besorge man übrigens nicht durch das Bekennen der Wahrheit den Leu zu erwecken! Die arbeitenden Klassen, eben indem sie zum geistigen und sittlichen Bewusstsein geleitet werden, müssen und werden es einsehen, dass sie ein dauerndes Heil nur auf den friedlichen Wegen suchen und finden können, die sich jetzt für sie anbahnen. Proletarierunruhen haben noch in keiner Zeit und an keinem Orte zum Heile geführt, vielmehr stets nur ein doppeltes Unheil hervorgerufen: Unheil für die gegen die sie gerichtet, und Unheil für die von denen sie ausgegangen waren. Man ringe von unten und oben her nach Eintracht und Verständigung! Denn nur aus einem gemeinsamen Zusammenwirken derer denen geholfen werden soll mit denen die da helfen wollen, kann ein „Baum erwachsen," der „seine Zweige über das ganze Vaterland breitet." Man hege vor Allem von unten her Vertrauen! Denn der schönere Tag ist nahe; er bricht an mit „rosigem Lichte," wie die die Morgenröthe am heiteren Himmel. Aber man sei nicht ausschweifend in der Hoffnung! Man wolle nicht was zugleich unmöglich und unnöthig ist! Man erwarte nicht, dass das Gute sich über Nacht oder schon in Jahr und Tag verwirkliche! denn gute Früchte wollen langsam reifen. Also habe man Geduld! Es ist thöricht zu verlangen, dass es am Morgen schon Mittag sei; aber so gewiss wie die Sonne am Morgen über den Horizont emporsteigt, so gewiss wird sie auch am Mittag über unsern Häuptern leuchten. —

---

*) Der Localverein in Cleve will sich von vornherein, wie verlautet, nicht auf die arbeitenden Klassen beschränken, sondern einen allgemeinen Hülfs- und Bildungsverein begründen. Der Gedanke ist glücklich; aber werden die Kräfte auch ausreichen und wird er auch auf der allein richtigen Grundlage der Wechselseitigkeit, nicht der blossen Wohlthätigkeit erbaut werden?

Aufgabe der Vereine.

Haben wir den Nothstand der arbeitenden Klassen, dessen Ursachen und Folgen erkannt, sehen wir ihn wie eine drängende Fluth immer höher und höher an dem Leibe der Gesellschaft heranwachsen, so fragt es sich: Welches ist der Zweck der Vereine die das Wohl derselben erstreben? Was will man? Oder vielmehr was soll man wollen?

„Im Anfang war das Wort (λόγος) und das Wort ward Fleisch." Was heisst das, auch in allgemeinerer Auffassung, anders als: die Verkündigung geht in Erfüllung, der Gedanke der von Ewigkeit her ist wird zur Wirklichkeit, das Ideal der Vernunft verwandelt sich in Fleisch und Blut, der höchste Begriff der Menschheit vollzieht sich im irdischen Leben, Gott wird zum Menschen. Oder umgekehrt: der Mensch erhebt sich zu Gott, die Wirklichkeit verkörpert den Begriff, das irdische Leben verklärt sich zum Ideale, Fleisch und Vernunft, Materie und Gedanke durchdringen sich zu einem bessern, höheren concreten Dasein.

So ist in diesem unendlich schönen und ewig gültigen Ausspruch das letzte, herrliche Ziel der Menschheit angedeutet. Die Aufgabe alles geschichtlichen Ringens ist, das Göttliche oder — was hier Eins ist — das allgemein Menschliche im Menschen zu entwickeln; somit fällt sie mit der höchsten Aufgabe des Christenthums zusammen; denn das Christlichste im Christenthum ist das Menschliche. Es vollzieht sich dadurch, dass der Mensch zur sittlichen Freiheit erzogen wird. Dem sittlichen Zwecke aber dienen das Geistige und das Leibliche, und eben weil sie ihm dienen, müssen auch sie in alle Wege gefördert werden.

Die bürgerliche Gesellschaft hat also dafür Sorge zu tragen, dass jedem auch dem geringsten ihrer Mitglieder eine menschliche Existenz verbürgt, d. h. die Gelegenheit zur Veredlung seines Herzens, zur Bildung seines Geistes und zur Kräftigung seines Körpers dargeboten werde. Sie hat darüber zu wachen, dass sie nicht in den schroffen Gegensatz von bloss Geniessenden und bloss Arbeitenden zerfalle, dass vielmehr Genuss und Arbeit verhältnissmässig Allen zugemessen sei, dass jedem auch dem geringsten beides zu Theil werde.

Denn, wem Gott ein Leben gab, der hat ein Recht zu leben; leben aber heisst: arbeiten und geniessen. Arbeit und Genuss sind die Schwungkräfte des Einzellebens, wie Production und Consumtion die Triebräder des Gesammtlebens. Das Eine bedingt das Andere. Wie im Grossen und Ganzen die Erzeugung mit dem Verbrauche und umgekehrt der Verbrauch mit der Erzeugung wächst, oder wachsen muss wenn der Lebensprocess der Gesammtheit in gesundem Gleichgewicht erhalten werden soll: also geniesst auch bei normalen Voraussetzungen der Einzelne in eben dem Masse mehr als er Gelegenheit zur Arbeit hat, und arbeitet in eben dem Grade erfolgreicher als ihm Aussicht auf Genuss gegeben ist. Denn wird dem Menschen ein entsprechender Genuss wirklich durch die Arbeit zu Theil, so findet er ihn auch in der Arbeit und arbeitet mit Liebe. Umgekehrt aber erstickt der gänzliche Mangel an Genuss, wie er stets mit der Arbeitslosigkeit und nur allzu häufig selbst mit der Arbeitsgelegenheit verknüpft ist, nicht nur die Liebe zur Arbeit, sondern damit zugleich auch die Triebe der Sittlichkeit oder den empfänglichen Sinn für alles Schöne, Wahre und Gute. Ist nun dergestalt die Wechselwirkung von Genuss und Arbeit die unerlässliche Bedingung des sittlichen, geistigen und leiblichen Wohles, weil der Genuss selbst theils leiblicher theils geistiger und sittlicher Natur ist: so hat die Gesellschaft eben deshalb die Verpflichtung, jedem ihrer Mitglieder einen Wirkungskreis, d. h. Arbeit zu verschaffen, die ihm zugleich die Möglichkeit eines verhältnissmässigen Genusses gewährt.

Im Menschen also den Menschen entwickeln, ihn seiner selbst immer würdiger machen, ihm eine menschliche Existenz an Leib und Seele erwirken und ihn ebenso zum Genusse wie zur Arbeit heranziehen: das nur heisst „sein Wohl befördern."

Freilich stuft sich der Genuss und gleicherweise auch der Anspruch daran auf das Mannigfaltigste ab. Doch das Minimum von Genuss, oder vielmehr die Grenze über die hinaus er eigentlich erst beginnen kann, ist der Erwerb des materiell Unentbehrlichen, die Befriedigung der äussersten Leibesnothdurft. Und wenn daher Sitte und Gewohnheit, Stand und Individualität des Charakters, auch in rein materieller Beziehung wiederum die verschiedensten Grade des Entbehrlichen oder Unentbehrlichen bedingt: so ist doch allen die da leben und arbeiten wollen Eins gleich unentbehrlich: gesunde Nahrung, gesunde Kleidung und gesunde Wohnung. Dass diese Allen zu Theil werde, sagt schon Fichte, ist ein „unveräusserliches Menschenrecht." „So lange nur noch Einer da ist," fährt er fort, „dem es unmöglich ist durch seine Arbeit dieses zu erwerben, muss der Luxus beschränkt werden," oder — wie ich es ausdrücken möchte — so lange hat die Gesellschaft in der Bestrebung für das Wohl ihrer Mitglieder noch nicht einmal den elementarsten Theil ihrer Aufgabe gelöst oder das dürftigste Mass ihrer Pflichten erfüllt. Bis dahin bleiben alle weiteren socialen Bestrebungen nur vereinzelte zufällig wirkende Stümpereien; denn wo die Befriedigung der äussersten Lebensbedürfnisse fehlt, da sind — man täusche sich nicht — alle geistigen und moralischen Erziehungsversuche im Grossen und Ganzen eher Mittel der Verwilderung als der Sittigung. Das Selbstbewusstsein ist gewiss der schlimmste Verbündete des hungernden Magens; und blosse Redensarten, gute Lehren und moralische Predigten, ausgehend von wohlgenährten und wohlgekleideten Personen, haben nur die Wirkung der Ironie; weit entfernt den Mangel einer kräftigen Suppe oder eines dichten Rockes oder einer warmen Kachel zu ersetzen, dienen sie vielmehr nur dazu, durch den persönlichen Gegensatz diesen Mangel um so fühlbarer und unerträglicher zu machen.

Darum beginne man mit dem elementarsten Theil der Aufgabe! Erst stille man die leiblichen Bedürfnisse, ehe man die geistigen weckt oder sättiget! Zuerst helfe man mit der That, nicht mit dem Worte!

Und ist die That gelungen, ist der Grundstein des ganzen Werkes gelegt, die materielle Subsistenz der arbeitenden Klassen gesichert: dann schreite man im Bau allmählig vor, dann ziehe man sie heran zu höheren Genüssen, dann entwickle man in ihnen den Sinn für das Schöne, Wahre und Gute, dann sorge man — für ihr geistiges und sittliches Wohl. Dann aber bleibe man auch nicht mehr bei ihnen allein stehen, sondern immer weiter sich ausdehnend und immer höher hinaufstrebend, ziehe man auch die übrigen, mehr oder minder gleichfalls hülfsbedürftigen Klassen, eine nach der andern in den Kreis der Bestrebungen, bis zuletzt ein einziger, grosser und mächtiger Bau die gesammte Gesellschaft umfasst. Dann wird die jetzige, beschränktere Losung sich zu dem erhabeneren Gedanken einer „Organisation des allgemeinen Wohles" erweitern. Das ist die Inschrift die an dem Schlussstein oder an dem Giebel des Baues prangen wird; denn sie ist es die das höchste und letzte Ziel aller Vereinsbestrebungen, alles Ringens der wechselseitigen Theilnahme und Liebe bezeichnet.

Wohl hör' ich hier manche Stimmen rufen: Wahnwitz! Thorheit! Träume! — Aber lassen wir uns durch sie nicht irren. Habt nur den Glauben dass das Gute möglich sei, und es wird sich verwirklichen. Habt nur den Willen es auszuführen, und es wird auch an der Kraft dazu euch nicht gebrechen. Sucht nur die helfenden Mittel, und ihr werdet sie finden; denn jederzeit gebiert ja die Natur mit den Uebeln die sie erzeugt, auch die Heilkräfte die ihnen wehren.

Darum, wer da sagt es seien Träume, der träumet selbst; denn schon ist die Nachtgestalt zu einer Lichtgestalt geworden, welche die Schwelle der Wirklichkeit betritt; doch wer dabei beharrt es seien Träume, der bleibe fern von dem Werke der Liebe. Wer da meint der Himmel sei heiter und nimmer ein Gewitter fürchtet, der ist blind; denn er sieht die schwülen Wolken nicht die am Horizont sich aufthürmen, verkündend dass das Mass der Erfüllung entgegengeht; doch wer dabei beharrt der Himmel sei heiter, der bleibe fern. Wer da engherzig die Opfer scheut, der ahnt nicht was Liebe sei; denn die Liebe ist keine Rechenmeisterin, auf ihrem Altare wird nimmer gegeizt, weder addirt noch subtrahirt, sie ist — nichts oder alles; drum wer dabei beharrt die Opfer zu scheuen, auch der bleibe fern. Kann es doch nimmer an Solchen fehlen, die eher nicht hören mögen, bis sie fühlen.

Ihr aber denen das Herz aufgegangen ist, die ihr erkennet den herrlichen Beruf der euch zu Theil geworden; ihr denen allseitiges dauerndes Menschenwohl über den wahnhaften Selbstgenuss des Augenblicks geht: Eilet ohne Säumen herbei, rastlos, wetteifernd wer dem andern zuvorkomme! Schaaret euch dicht zusammen wie Eine grosse und mächtige Phalanx! Kämpfet muthig und unerschütterlich für eure Erkenntniss des Besseren! Erfüllet entschlossen und begeistert die heiligste Mission des gegenwärtigen Geschlechts! Löset praktisch das schwierigste aber schönste Problem unserer Zeit, auf dass die Saat des Menschenhasses in eine Erndte der Menschenliebe sich verwandle! Doch nicht die Furcht sei euer mächtigster Sporn, sondern die Pflicht! Nicht der Gespensterwahn der Nacht, sondern die helle Wahrheit des Tages! Nicht das drohende Gewitter, sondern das fühlende Herz!

Mittel zu ihrer Lösung.

Durch welche Mittel aber ist die Organisation des Wohles zu erstreben? Wie will man, oder vielmehr wie soll man es anfangen, um die Aufgabe zu lösen?

Wenn, wie wir zugeben mussten, das System der Arbeit, die doch mehr oder minder die Voraussetzung oder die Quelle des Wohles ist, sich vielfach in einer disharmonischen Auflösung befindet, — wenn durch eine verwickelte Combination von Umständen, durch das Uebergewicht der Production über die Consumtion, durch das Maschinenwesen, durch die allmählige Zersetzung des Wohl- und Mittelstandes in die Extreme des Reichthums und der Mittellosigkeit oder der Armuth, durch die Uebervölkerung und andere Ursachen, überall eine Stockung in dem Gleichgewichte des Angebotes und des Verbrauches der menschlichen Kräfte, mithin auch in der Vertheilung und in dem Gleichgewichte der Arbeit und des Genusses eingetreten ist: so erscheint in der That eine gleichmässigere Vertheilung derselben, eine harmonische Reorganisation der Arbeit als die nächste und nothwendigste Forderung. Ihr jedoch kann in consequenter und durchgreifender Weise nur von Seiten des Staates entsprochen werden. Deshalb geht denn auch jetzt, wie es heisst, die französische Regierung mit einem Gesetzesproject zur Organisation der Arbeit um; der Handelsminister Cunin-Gridaine, der sich selbst durch alle Stadien der Fabrikpraxis in langjähriger Erfahrung hindurchgewunden, hat die sorgfältigsten und detaillirtesten Nachforschungen über die Lage der arbeitenden Klassen in Frankreich veranlasst, und die bevorstehenden Debatten über die Arbeiterpetitionen in der Kammer dürften sowohl die Resultate wie die darauf begründeten Pläne an's Licht treten lassen. — Scheut dagegen der Staat wegen der Schwierigkeit der Ausführung eine Radicalcur, hält er sich für unfähig dem Pauperismus, seinen Ursachen und Wirkungen zu steuern, stellt er die Initiative der Gesellschaft selber oder Privatvereinen anheim: so ist zwar das Ziel auch dann noch erreichbar, aber nur auf ganz verschiedenem Wege. Denn die Gesellschaft vermag nur mittelbar die Subsistenz, der Staat allein unmittelbar die Arbeit zu organisiren. Reichen sich indessen beide die Hand, so führt gewiss das Zusammenwirken weit sicherer noch als das isolirte Handeln zum Gedeihen des Wohles, als des Endzieles aller Bestrebungen; denn auch die Organisation der Arbeit als solche schliesst ja noch keineswegs die sämmtlichen Bedingungen des Wohles in sich.

Welches ist nun aber der Weg den die Gesellschaft einzuschlagen hat?

So viel leuchtet ein: Soll wahrhaft erfolgreich in die Entwicklung eingegriffen werden; sollen — allen Wünschen, Hoffnungen und Bemühungen zum Trotz — die gesellschaftlichen Verhältnisse nicht dennoch mit der Zeit zu einem dermassen unentwirrbaren Knäuel sich verwickeln, dass zuletzt nur ein gewaltsames Durchschneiden derselben als einziges Rettungsmittel übrig bliebe; wollen wir nicht nur uns selbst, sondern auch unsere Nachkommen vor grösserem Schaden bewahren; und sollen uns diese nicht einst des Eigennutzes zeihen, der Lässigkeit und einer kläglichen Pfuscherei: so muss auch ein wahrhaft grossartiges, ein allseitig wirkendes Mittel geschaffen werden. Denn wie es Niemanden einfällt, Kornfelder mit einer Scheere abzumähen oder Chausseen mit einer Fliegenklappe zu ebenen: so wird man auch wohl einsehen, dass es langer Sensen und grosser Walzen bedarf um alle die einzelnen Uebel und Uebelchen zu fällen und zu erdrücken, die ja so zahllos wie die Halme aus den Furchen emporschiessen oder so massenhaft wie die Kieselsteine aus dem Damme hervorragen.

Daher hat sich denn auch überall die Erfindungskraft der Einzelnen dieser Frage bemächtigt. Man wollte den Stein der Weisen gründlich heben; allein in diesem gründlichen Eifer übersah man vor dem Fernen das Naheliegende und verstieg sich, blindlings vorwärtsstürmend, in utopische Schwärmereien. Man erstrebte zu viel; denn die Erfindung einer Maschine die mit Einem Schnitt ein ganzes Kornfeld abmäht, oder mit Einem Druck eine ganze Chaussee ebnet, ist doch weder ein Bedürfniss noch eine Möglichkeit.

Indess wie alle neue Ideen, so schlugen nun einmal auch die socialen Theorien zunächst in Extreme aus. Frankreich, England und die Schweiz haben darin gewetteifert. Immer weiter und weiter klimmend gelangte man endlich zu der schwindelnden Gipfelhöhe des Communismus, und indem man nun diese zur Basis nahm, und aus den luftigen Regionen nur mit Verachtung auf die irdischen Verhältnisse heruntersah, erbaute man allerhand Musterwirthschaften, welche — nicht als Abbildungen sondern vielmehr als Caricaturen des sittlichen Ideales — die Wirklichkeit trotz aller ihrer Unsittlichkeit noch bei weitem überbieten. Zwar ziehen sich durch die grossen Irrthümer, in welche St. Simon, Fourrier, Owen, Proudhon, Weitling u. A. sich einwiegten, allerdings auch dankenswerthe Elemente des Wahren und Guten hindurch, und ebensowenig darf es verkannt werden, dass Eugène Sue durch seine „Mysterien" die leiblichen und sittlichen Nothstände in populärster Weise zur Anschauung gebracht und dadurch die allgemeine Aufmerksamkeit am Nachhaltigsten und Erfolgreichsten auf sie hingeleitet hat. Allein darum sind nicht weniger jene äussersten radicalen Heilmittel, wie sie der Socialismus und Communismus ausgebrütet, im Allgemeinen gleich sehr als unsittlich wie als unpraktisch zu verwerfen.

Die Verarmung, sahen wir, trat in Folge der Isolirung ein, die selbst wieder eine Folge der Befreiung aus den Fesseln des Zunftzwanges, des Lehnsnexus und gewissermassen des Klosterlebens war. Es kann also nicht zweifelhaft sein, worauf es zunächst ankommt; darauf, diese Isolirung aufzuheben ohne deshalb die Freiheit wieder preiszugeben, ohne zu den überwundenen Stufen der Entwickelung zurückzukehren. Und dies ist einzig nur möglich durch die Association, durch die freie Verbrüderung in der sittlichsten Bedeutung, mit dem Zwecke der wechselseitigen Unterstützung oder gegenseitiger Assecuranz. Nur sie kann, ohne die Freiheit und Selbstbestimmung des Einzelnen zu beeinträchtigen, die materiellen Bürgschaften unfreier und unselbstständiger Lebensverhältnisse ersetzen, und darüber hinaus auch sittliche der bedeutsamsten Art gewähren. Sie ist das einzige Mittel durch dessen Anwendung von Seiten der Gesellschaft selber dem Nothstande dauernd vorgebeugt werden kann, ja auf ewige Zeiten hinaus, sofern ihr eigener Lebensnerv nicht zerreisst oder verfault.

Jede Zeit hat ihr bewegendes Princip, in dessen Anerkennung sie ihr Heil zu suchen hat und auch finden wird. Das der unsrigen ist das der Verbrüderung der Interessen. In allen Beziehungen macht es sich geltend, in den mannigfaltigsten Kreisen der Strebungen, der höchsten und der geringsten, auf dem religiösen, dem politischen und dem socialen Gebiete beginnt es mehr und mehr sich zu regen und Bahn zu brechen.

Es gehört nicht hierher, an die jetzigen kirchlichen Bewegungen, an die Gustav-Adolphs-Vereine, an den Zusammentritt deutsch-katholischer Gemeinden und ähnliche Erscheinungen in grosser Zahl zu erinnern, die freilich mit ihren vielfach einander widerstrebenden Richtungen für den Augenblick noch wie ein buntes Chaos sich gebärden, in denen sich aber überall mehr oder minder die Triebkraft des Associationsgeistes kund giebt, dessen zugleich elastischer und magnetischer Natur es denn auch sicher gelingen wird, da wo eine grössere Energie der Ueberzeugung oder der Wahrheit ihn beseelt, in immer weiteren Kreisen sich auszudehnen, die minder energischen und selbst gegnerische Bewegungen in sich aufzunehmen und mit sich zu verschmelzen, — wenn sie auch nimmer vielleicht dahin gelangen dürfte, die Gesammtheit derselben zu einer vollständigen, harmonischen und unwandelbaren Einheit zu gliedern.

Es gehört ebensowenig hierher, auf den deutschen Zollverein und verwandte Bildungen, oder auf die Anfänge der politischen Verbrüderung aller civilisirten Staaten unter einander hinzuweisen, deren Verwirklichung vielleicht noch in grösserer Ferne liegt, deren heilsame Keime jedoch schon in jenen erfolgreichen Bestrebungen der Mächte sich offenbaren, ein wahrhaftes d. h. ein friedliches Staatensystem zu schaffen, die Existenz der schwächeren und gleichsam hülfsbedürftigen Glieder desselben zu garantiren, und das Ebenmass der politischen Kräfte bei allen Schwankungen und Stockungen lieber durch diplomatische Conferenzen zu vermitteln als durch blutige Händel, — die ja ebenso sehr eine Verhöhnung Gottes und der Menschheit, aber allerdings auch ebenso unvermeidlich sind wie die gewaltsamen Conflicte socialer Interessen, so lange eben nicht die verschiedenen Bestandtheile des Staatensystems gleichwie die bürgerlichen Ordnungen der Gesellschaft durch das Band einer vollkommenen Association zusammengehalten werden, welche allein im Stande ist dort den Krieg wie hier die Revolution auf die Dauer zu verbannen.

Wohl aber gehört es hierher, auf die mannigfachen Symptome aufmerksam zu machen, welche im socialen Leben selbst von der Energie des Associationsgeistes Zeugniss ablegen, auf die zahlreichen Institutionen welche, durch ihn hervorgerufen, sich in ihrer Wirksamkeit auf das Glänzendste zum Heile der Menschheit bewährt haben, indem es ihnen gelang, eben durch Verschmelzung der gleichartigen Interessen, einzelne bestimmte Quellen der Verarmung im Bereiche der Verbrüderung vollkommen zu verstopfen. — Man blicke nur auf die mannigfaltigen Versicherungs- oder Assecuranzgesellschaften gegen Feuersnoth, gegen die Gefahren des Handels und der Schifffahrt, oder gegen Unglücksfälle beim Transport der Waaren zu Wasser und zu Lande, gegen Hagelschäden, gegen Viehseuchen u. s. w.! Was sind sie anders als Associationen zu gegenseitiger Verbürgung des grösseren und geringeren Eigenthums? — Oder man blicke auf die zahlreichen Lebensversicherungen, Rentenanstalten, Wittwenkassen; auf die Kassenverbände der Gewerke und anderer bürgerlichen Klassen, wie hier und da der Schriftsetzer und Buchdrucker, der Stubenmaler und Schullehrer; auf die Gesellschaften der Handelsreisenden gegen unverschuldete Dürftigkeit und Krankheit, wie die in London schon seit 45 Jahren bestehende; auf die Unterstützungsvereine für hülfsbedürftige Handlungsdiener in Berlin u. a. a. O.; auf die gegenwärtig in Paris sich bildende Verbindung zur Unterstützung hülfsbedürftiger Künstler, als der Historien- und Genremaler, der Bildhauer und Architekten, der Kupferstecher und Zeichner; auf die Stiftungen zur Unterstützung nothleidender Aerzte, wie die Hufeland'sche in Berlin; auf die durch die preussischen Synoden in Aussicht gestellte Bildung eines Pensionsfonds für alte und schwache Geistliche mittelst bestimmter Beiträge sämmtlicher Geistlichen! Was sind sie anders als Associationen zu wechselseitiger Unterstützung der Mitglieder oder ihrer Angehörigen? — Wie mancher dessen Eigenthum durch Feuer verzehrt, oder dessen Erndte durch Hagelschlag vernichtet, oder der durch Erkrankung und Altersschwäche am Verdienste gehindert, oder plötzlich durch den Tod seines Versorgers beraubt wird, würde verkommen und verarmen, ja bis zum Bettelstab herabsinken: käme nicht die Association ihm zu Hülfe, wäre nicht die Gesammtheit der Gesellschaft verpflichtet Verlust und Unglück des Einzelnen mitzutragen. Was den Alleinstehenden niederdrücken würde, wird als gemeinsame Bürde Niemanden fühlbar. So steht Einer für Alle und Alle für Einen.

Sind das nicht an sich preiswürdige, humane, sittliche Schöpfungen? Würden ihre Einwirkungen aber nicht weit grösser sein, wenn sie nicht vielfach zu sporadisch sich darstellten wie z. B. die Versicherungen gegen Viehkrankheiten, wenn sie nicht hier und da grosse Lücken liessen wie denn z. B. Versicherungen gegen Wassersnoth oder Ueberschwemmungen wohl noch gänzlich fehlen, wenn nicht der auf Gewinn gerichtete Privatspeculationsgeist dabei noch zu sehr betheiligt wäre, wenn sie endlich alle in dem engsten Zusammenhange mit einander ständen, wenn sie, überall erweitert und ergänzt, und ohne eigennützige Absichten rein zum Besten der Menschheit angewandt, ein einziges grossartiges und consequent gegliedertes Associations**system** bildeten. Und was wollen wir denn nun anders, als eben eine allgemeine Verbrüderung zunächst der Einzelnen, dann der Klassen und Stände, endlich der Staaten unter einander, und somit der ganzen civilisirten Menschheit; eine Verbrüderung, beruhend überall auf der Freiheit des Willens; denn der Zwang ist natürlich nimmer und nirgend zulässig, aber auch vollkommen überflüssig wo er wie hier durch materielle und moralische Impulse, denen der freie Wille auf die Dauer nicht widersteht, hundert- und tausendfach aufgewogen wird.

Die Vereine für das Wohl der arbeitenden Klassen haben sich nun freilich auf ein bestimmtes Terrain beschränkt, aber innerhalb desselben werden auch sie nur in jenem Sinne, nur auf jenem Wege in mehr als vorübergehender Weise wirken können. Nach der Analogie jener Assecuranzgesellschaften haben auch sie vor allem **Verbindungen zu wechselseitiger Unterstützung** in immer weiteren Kreisen unter den arbeitenden Klassen zu organisiren, Verbindungen deren Zweck zunächst dahin ginge, jedes ihrer Mitglieder und deren Angehörige vor dem leiblichen Nothstande zu bewahren, der durch Krankheiten und Sterbefälle, durch Altersschwäche und unverschuldete Arbeitslosigkeit jetzt nur zu häufig veranlasst wird, oder überhaupt vor den Folgen solcher Uebel, die von aussenher kommen und durch den Willen des Einzelnen nicht abgewendet werden können. Stellt sich diese Forderung nicht als die naturgemässeste dar? Kann man sein Eigenthum gegen Feuersnoth, die Früchte seines Bodens gegen Ungewitter, die Güter des Handels gegen die Launen der Wellen, die Verwandten gegen die plötzliche Hülfslosigkeit versichern, welche den Tod des Familienhauptes gewöhnlich zu begleiten pflegt: warum soll man nicht auch die Nothdurft des Lebens, die materielle Subsistenz durch Associationen, durch wechselseitige Assecuranzen auf die Dauer garantiren können? Der Arbeitsscheu und der Unsittlichkeit würden dieselben freilich ebensowenig Vorschub zu leisten haben, wie etwa Feuerversicherungen für Verluste an Eigenthum aufkommen, die sich der Theilnehmer durch muthwillige Brandstiftung zuzieht.

Der Staatsökonom Chevalier, der, nachdem er seine St. Simonistischen Träumereien ausgeträumt, nunmehr als höherer Beamter mitten im praktischen Leben sich bewegt und als Anhänger des gegenwärtigen Regierungssystems in Frankreich im gemässigten Sinne für die Fortentwicklung der socialen Zustände wirkt, sieht es sehr richtig in seinem neuesten Werke als eine Pflicht des Staates an, den Geist der Association selbst zu wecken, weil sie eben das beste Mittel sei, die nur allzusehr pulverisirten Elemente der bürgerlichen Gesellschaft wieder in geschlossenen Massen zu vereinigen. In Preussen dürfen wir behaupten, ist dies in gewissem Sinne und in doppelter Weise geschehen; vom Throne aus ist gleichsam theoretisch und praktisch die Initiative in der Aufmunterung des Associationsgeistes ergriffen worden; einmal durch die Königliche Urkunde über die Erneuerung des Schwanenordens, der eine wahrhaft tiefe, nur von extremen Seiten her missverstandene Idee zu Grunde liegt, und andrerseits durch die belangreiche pecuniäre Unterstützung, welche dem Centralvereine für das Wohl der arbeitenden Klassen noch vor seiner definitiven Begründung durch Kabinetsordre im Voraus zugesichert ward. Denn freie Verbrüderungen, mit jenen edlen Tendenzen wie wir sie eben bezeichnet, müssen und werden nothwendig aus diesen Vereinsbestrebungen erwachsen, und würden ganz dem Sinne der hochherzigen und gemüthvollen Worte jener Urkunde entsprechen, die sittlich humane Idee derselben auf das Schönste verwirklichen, und gleichsam die Glieder und Ringe in der Kette des neubelebten allumfassenden Ordens sein, der, frei von allen Vorurtheilen des Standes und der Confession, das ganze Volk, die ganze Gesellschaft wie mit Einem Bande der Liebe umschlingen soll.

Alle Keime zu dem was wir wollen sind schon längere oder kürzere Zeit in der civilisirten Welt vorhanden. Wir haben oben auf einige derselben hingewiesen, und leicht könnten wir die Aufzählung derselben beträchtlich erweitern. Freilich sind sie sämmtlich mit Mängeln behaftet, und namentlich auch die gewerblichen Kassenverbände, weil sie sich in einseitigen und abschliessenden Richtungen bewegen, nur für gewisse Fälle des leiblichen Nothstandes, und unter zu ungewissen Bürgschaften oder unter zu grossen Opfern, eine Hülfe eintreten lassen. Allein man braucht diese Keime nur allseitig zu entwickeln und durch verständigere Organisation mit grösseren Mitteln auszustatten um grossartige Früchte zu erndten.

Auch fehlt es keineswegs an vollständigen Musterbildern. Denn fern davon blosse Träumereien oder phantastische Theorien zu sein, sind die Grundideen der Association vielmehr hier und da längst in Fleisch und Blut übergegangen. Freilich meine ich nicht jene wahrhaft antisocialen Arbeiterverbindungen in England, welche gleich sehr den Fabrikarbeitern wie den Fabrikherren und der Industrie nachtheilig sind, noch jene communistischen Handwerkerverbindungen in Frankreich und der Schweiz, die in eben dem Masse zerfallen und verschwinden werden, als der sittliche Associationsgeist sich in der Wirklichkeit Bahn brechen wird; sondern nur solche Vereine zu wechselseitiger Unterstützung habe ich im Sinne, wie diejenigen der Fabrikarbeiter in Nantes, der Kohlenarbeiter, der Lootsen und der Eisenbahnarbeiter in Belgien, die mehr oder minder in entschieden segensreichem Gedeihen begriffen sind, und deren Organismus da, wo ähnliche Institutionen erst ins Leben gerufen werden sollen, unbedenklich zum Vorbilde dienen kann. Freilich stellen sich diese glücklicheren Schöpfungen des Associationsgeistes bis jetzt noch als durchaus sporadische dar; noch hat keine concentrirende Idee sich ihrer bemächtigt; doch dürfte Belgien zu einer solchen Concentration in der Praxis die nächste Aussicht haben, wenn der Plan mit dem man gegenwärtig daselbst umgeht, die sämmtlichen Arbeiter des ganzen Landes in eine einzige Association zu wechselseitiger Assecuranz zu vereinigen, wirklich zur Reife kommt.

Die Tendenz der freien Associationen kann und darf nicht weiter gehen, als zunächst durch die gemeinsame Bürgschaft Aller die Subsistenz jedes Einzelnen zu sichern, und dann, wofern und soweit die pecuniären Mittel es gestatten, durch gemeinsame Institute die sittliche, geistige und körperliche Kräftigung zu fördern. Im Uebrigen mag Jeder frei für sich handeln und ringen, erwerben und geniessen. Die Gütergemeinschaft, wie derartige Erscheinungen der Vergangenheit beweisen, ist nur unter Wenigen anwendbar und niemals von Bestand. Vielmehr mag Leben und Wohl der Einzelnen sich auf das Mannigfaltigste gliedern und gestalten. Je freier der Spielraum für Abstufungen im Sein und Haben, desto besser. Der klaffende Gegensatz der Armuth und des Reichthums wird nur um so leichter durch allmählige Uebergänge sich vermitteln, der kläglich hinschwindende Mittelstand um so eher wieder zu einer soliden Brücke zwischen beiden erstarken, und die Gesellschaft um so gewisser den Gefahren entgehen, die schon nicht mehr bloss die Zukunft bedrohen, sondern weit in die Gegenwart hereinragen.

Knüpft die Association nicht nur pecuniäre, sondern auch moralische Bedingungen an den Genuss ihrer Beneficien, so ist sie zugleich das sicherste Mittel eben die Triebe der Sittlichkeit zu fördern, die durch die sich selbst überlassene Armuth erstickt werden. Denn wer da weiss, dass nur für den Fleissigen und Rechtschaffenen, nicht für den Faulen und Lasterhaften die Verbindlichkeiten der Association bestehen, der wird auch gewiss mit grösserer Ausdauer, als es jetzt der Fall zu sein pflegt, eines entsprechenden Handelns und Wandels sich befleissigen. Während also jetzt der preisgegebene Nothstand eine Hauptquelle aller Laster und Verbrechen ist, würde die Association, indem sie Garantien gegen dessen Eintritt gewährt, am ehesten im Stande sein, diese Quelle zu verstopfen.

Man sieht leicht ein, dass die im Entstehen begriffenen Vereine für das Wohl der arbeitenden Klassen in der That vollkommen überflüssig wären, wenn vollkommen organische Associationen unter diesen letzteren schon beständen oder aus ihnen heraus sich ohne Weiteres hätten bilden können. So aber ist es eben die Bestimmung der Vereine, dergleichen erst hervorzurufen, zu organisiren, auf die Bahn einer lebenskräftigen Entwicklung zu geleiten, und dergestalt vielmehr sich selbst allmählig überflüssig zu machen; gleichwie jegliche Erziehung, auch am Individuum, eben deshalb nothwendig ist um entbehrlich zu werden, d. h. um zur Selbstständigkeit zu erziehn. — Durch die Association zu wechselseitiger Sicherung wird in Uebereinstimmung mit der Aufgabe jener Vereine nicht nur das Bedürfniss der Almosen verdrängt, sondern zugleich auch, was wiederum von der höchsten sittlichen Bedeutung ist, an die Stelle der blossen Wohlthätigkeit die Wechselwirkung von Rechten und Pflichten, also auch mittelbar die Selbsthülfe gesetzt.

Auf welche Weise ist nun aber unter den arbeitenden Klassen das Associationssystem in Ausführung zu bringen?

Wir müssen zunächst zwei Gesichtspunkte scheiden, den localen und den sachlichen.

In localer Beziehung sind drei Formen möglich. Entweder vereinigt man die betreffenden Arbeiter des ganzen Landes in eine einzige Association; dann genügt die Bildung eines Centralvereins, der für diesen Fall nur aller Orten ausführende Organe seiner Massnahmen zu constituiren hätte. Oder man verbindet dieselben innerhalb der einzelnen Landestheile, Provinzen, Regierungsbezirke oder Kreise; dann sind zunächst nur entsprechende Provincial- oder Landesbezirks- oder Kreisvereine nothwendig. Oder endlich associirt man sie innerhalb der einzelnen örtlichen Ansiedlungen; dann sind Localvereine im engern Sinne des Worts, jedoch nicht nur städtische, sondern zu ihrer Ergänzung auch ländliche nöthig, wofern jene das platte Land ausdrücklich von ihren Bestrebungen ausschliessen. — In den beiden letzteren Fällen, d. h. wenn die Associationen nach Landestheilen oder nach Oertlichkeiten bewirkt werden sollen, ist ein Centralverein für das ganze Land zwar nicht unentbehrlich, aber wünschenswerth als eine allgemeine, die Interessen vermittelnde, in Rath und That aushelfende Instanz.

In sachlicher Beziehung sind ebenfalls drei Formen anwendbar. Entweder bildet man Gesammtassociationen für alle Klassen und Gewerbe, oder particulare je für mehrere derselben, oder endlich specielle für jede einzelne Gattung von Arbeitern. Im Allgemeinen dürfte man die letztere Form, wenigstens als Ausgangspunkt der ganzen Organisation, deshalb vorziehen, weil sie sich, zumal in Belgien und Frankreich, praktisch bewährt hat, weil die Keime dazu in den gewerblichen Kassenverbänden überall vorhanden sind, ob sie gleich einer lebenskräftigeren Entwicklung bedürfen, und weil ja nun einmal gleich und gleich überall am liebsten sich gesellt. Dagegen ist in kleineren Städten und Ortschaften die Form der Gesammtassociation unbedenklich von vorn herein empfehlenswerther, weil hier die Zahl der Arbeiter Einer Art zu gering ist und doch die Vortheile der Association mit der Menge der Mitglieder wesentlich wachsen; auch stehen hier einer Gesammtassociation keine oder weit geringere Schwierigkeiten im Wege als in grossen Städten, wo die schon vorhandenen isolirt dastehenden Verbände leider nur zu gewöhnlich mit tief eingewurzelten Vorurtheilen verknüpft sind, die einer Verschmelzung der Interessen verschiedener Erwerbszweige — freilich zu allseitigem Nachtheil nicht nur in materieller, sondern auch in sittlicher, industrieller und socialer Beziehung — widerstreben.

Central-, Provinzial-, Bezirks- und Kreisvereine, sowie Localvereine grösserer Städte werden daher wohl thun, wenn sie Behufs der Organisirung des Associationssystems sich in so viele Sectionen gliedern, als der Zahl der arbeitenden Klassen entsprechend ist, denen sie ihre Thätigkeit widmen wollen; also zunächst etwa in 5 Sectionen: 1) für Handwerker. 2) für Feldarbeiter, deren vorläufiger Ausschluss durch den Centralverein für Preussen eine Anomalie ist, welche die Zukunft sicher aufheben wird. 3) für Fabrikarbeiter. 4) für Dienstboten und 5) für Tagelöhner.

Die von diesen Sectionen hervorzurufenden Arbeiterassociationen müssen von der doppelten Absicht ausgehen, sowohl das Beste der Associirten als das Beste des Publicums, der bürgerlichen Gesammtheit, des Staates zu erzielen. Deshalb sind ihre Zwecke so umfassend als möglich zu stellen, wenn sie zunächst auch nur an Einem Punkte angegriffen werden. Die ideale Aufgabe muss demnach eine vierfache sein: I. die wirthschaftliche und leibliche Wohlfahrt, II. die sittliche und geistige Bildung, III. den industriellen Fortschritt und IV. den socialen Gemeinsinn zu befördern.

Betrachten wir nun zuerst A. die sachlichen, dann B. die pecuniären und endlich C. die organischen Mittel oder die Verwaltungsformen, wodurch so grosse Wirkungen des Associationssystems erreicht werden können.

A. Alle sachlichen Mittel greifen natürlich in ihren Wirkungen mehr oder minder in einander über; doch lassen sie sich im Allgemeinen nach den obigen Gesichtspunkten etwa folgendermassen gliedern.

I. Die wirthschaftliche und leibliche Wohlfahrt wird erzielt:

1) und hauptsächlich dadurch dass die Association nach den Grundsätzen der wechselseitigen Unterstützung jedem ihr angehörigen Arbeiter eine seiner Klasse oder seinem Stande entsprechende Subsistenz gegen alle Wechselfälle der Gesund-

heit und der Arbeitsgelegenheit dauernd garantirt.*) Dies geschieht durch Bildung gemeinsamer Kranken- und Invalidenkassen, wie sie in kleinerem Massstabe sich bei den Gewerken, zum Theil auch bei freien Gewerben und bei einzelnen Fabriken vorfinden, sowie eigentlicher Unterstützungskassen, welche letzteren nur dann in Anspruch genommen werden dürfen, wenn dem unverschuldet ausser Brod gekommenen Arbeiter, trotz der Vorkehrungsmassregeln die wir später bezeichnen werden, für den Augenblick keine Arbeitsgelegenheit verschafft werden kann, und doch die disponiblen Ersparnisse desselben zu seinem Unterhalt nicht ausreichen. In solchem Fall hat aber die Unterstützungskasse nicht soviel zu gewähren, als durch die Arbeit zu erwerben ist, damit nicht ein Reiz zur Nachlässigkeit und Arbeitsscheu eintrete. — Zur Ansammlung und möglichst hohen Verzinsung der erwähnten Ersparnisse dienen die Sparkassen, die als integrirende Momente einer grossartigen Organisation der Arbeit und des Wohles allerdings von wesentlichem materiellen und sittlichen Werthe, alleinstehend aber nichts weiter als zufällig und sporadisch wirkende Palliative sind, weil sie weder Allen zu gute kommen noch denen gründlich und dauernd helfen können, die an ihnen betheiligt sind. Mit tiefem Sinn und Tacte hat deshalb auch der König von Preussen an die Gewährung einer Beisteuer von 15,000 Thalern für den Centralverein die Bedingung geknüpft, dass das Vereinswirken sich nicht bloss, wie vielfach begehrt worden, auf Anlegung von Spar- und Prämienkassen sich beschränke. Der sittliche Werth der letzteren ist überhaupt gar sehr in Frage zu stellen, insofern die Prämienbewilligung von Kriterien der Würdigkeit abhängt, die ohne eine unendlich mühselige und allen Theilen lästige Controlle immer höchst zweifelhaft bleiben müssen; denn das Sparen hängt vom Sparenkönnen ab, und der Prämie am würdigsten ist vielleicht wer am wenigsten gespart. Mag man also von einem weniger erzielenden Gesichtspunkt aus das Spar-

*) Der Localverein zu Halberstadt zählt verständigerweise „Vereine zu gegenseitiger pecuniärer Unterstützung" zu seinen Hauptmitteln.

und Prämienkassensystem zum alleinigen Muster wählen; von einem höhern, die Tilgung des Uebels bis auf die Wurzel erstrebenden Standpunkt wird man vielmehr die gegenseitigen Assecuranzen als praktische Vorbilder betrachten müssen. Nur ist dem Associationssystem um desswillen auch das einfache Sparkassenwesen einzuverleiben, um über die Sicherstellung der Subsistenz hinaus, den Wetteifer des Strebens, den Reiz zum Erwerbe, zur Bildung eines Nothpfennigs oder eines kleinen Vermögens, zumal im Interesse der Hinterbleibenden, rege zu erhalten. Denn das wirthschaftliche Wohl muss ja von Seiten der Association auch erzielt werden

2) durch Fürsorge für die Arbeiterfamilien, im Fall dieselben durch den Tod ihrer Stütze beraubt werden. Dies geschieht zunächst durch Bildung gemeinsamer Sterbekassen und Lebensversicherungen. Diese letzteren, wie man sie jetzt namentlich in Frankreich im Auge hat, sind vornehmlich durch stetige Umwandlung eines Theiles der Sparkassengelder nach dem Verhältniss ihres Wachsthums in unangreifbare Capitalien, als Vermächtnisse für die Hinterbleibenden, zu bewirken; natürlich kann dies jederzeit nur unter Zustimmung der Einleger geschehen.

3) Durch Sorge für die Aufrechthaltung der Gesundheit und Arbeitsfähigkeit. Dahin gehört namentlich die Einrichtung unentgeltlicher Bäder und die Sorge für gesunde Wohnungen, — Mittel, welchen jetzt vorzüglich in London die grösste Aufmerksamkeit geschenkt wird, theils durch Privatvereine, theils durch die mit dem 1. Januar d. J. in Kraft getretene Bauacte. Auf Armenwaschhäuser, wiewohl sie allerdings zur Förderung der Reinlichkeit und grösserer Sorgfalt für den Körper beitragen, möchte doch kein so grosses Gewicht zu legen sein, als dies in England der Fall ist.

4) Durch Sorge für möglichste Einträglichkeit der Arbeit. So wenig wie den Herren und Meistern eine Lohnerhöhung, so wenig darf auch billigerweise den Arbeitern eine Lohnherabsetzung einseitig aufgedrungen werden. Vielmehr, da Aenderungen des Arbeitslohnes die beiderseitigen Interessen in entgegengesetzter Weise berühren und daher stets in

feindselige Conflicte gerathen lassen, heischt es die Billigkeit, dass sie durch freie Uebereinkunft auf berathendem Wege bestimmt werden, entweder mittelst besonderer permanenter Commissionen von Herren und Arbeitern unter Herzuziehung ausserhalb des Gewerbes stehender Sachverständiger, wie sie sich in dem Institut der prud'hommes in Frankreich darstellen; oder durch schiedsrichterlichen Ausspruch des Verwaltungsrathes der Association, in dem beide Theile vertreten sein müssen. Die Ursache der Lohnherabsetzung kann immer nur entweder in dem übergrossen Angebot von Arbeitskräften oder in der Herabdrückung des Preises der Waaren durch die Käufer liegen; im erstern Falle bleibt es dem Arbeitgeber, der sich durch den schiedsrichterlichen Spruch beeinträchtigt glaubt, unbenommen die ihm überflüssigen Arbeiter zu entlassen; im letztern Falle aber ist der Nachtheil, wofern der Waarenabsatz innerhalb des localen Bereiches der Association stattfindet, nur illusorisch, da alsdann trotz aller Concurrenz die Preise nie soweit herabgehen können um die Interessen des Arbeitgebers wahrhaft zu gefährden. Etwas anderes ist es indessen, wenn der Absatz über den Bereich der Association hinausgeht, und vielleicht weit in das Ausland, oder wenn neben die locale Concurrenz auch eine auswärtige tritt; dann allerdings hängen die Preise von unzähligen Einflüssen ab, welche die einzelne Oertlichkeit nicht zu beherrschen vermag. Diese bedenklichen Umstände würden dann aber auch bei der Lohnbestimmung durch Sachverständige sicher einer gerechten Würdigung nicht entgehen und zu Gunsten der Arbeitgeber in Anschlag kommen. Nur muss das Markten und Feilschen der letzteren eine Grenze finden; es ist mehr als ungerecht, es ist unmenschlich und tyrannisch, wenn der Reichere, um nur selbst keine Einbusse in seinem Gewinn zu erleiden, den kleinsten und wohl nicht selten eingebildeten Verlust im Voraus durch das Mark der von ihm abhängigen Armen, durch Abzüge an ihrer Leibesnothdurft zu decken sucht. Freilich würden feste Lohnsätze von möglichster Höhe den Drangsalen der Aermeren von dieser Seite am kräftigsten steuern, aber sie setzen Bedingungen voraus, welche die praktische Staatswirthschaft noch weit davon entfernt ist erfüllen zu können; annäherungsweise könnten sie allerdings innerhalb grösserer Handelsverbindungen, wie z. B. des deutschen Zollvereins, erreicht werden, wenn die Arbeitgeber unter sich einig und die Regierungen zu Schutzzöllen geneigt sind, die zur schliesslichen Verwirklichung der Zollfreiheit ebenso beitragen, wie der Krieg zur Vermittlung des Friedens.

5) Durch Vorkehrungsmassregeln gegen die Arbeitslosigkeit. Den Associationen steht nur eine einzige zu Gebot, nämlich die Begründung von Arbeiterbörsen, wie sie in Dresden und anderwärts bestehen, oder vielmehr, da alle überflüssigen Kosten gescheut werden müssen, von Nachweisbüreaus, wo alle An- und Abmeldungen statt finden und alle gedenkbare Auskunft ertheilt wird. Bei der seit Februar v. J. in Leipzig bestehenden Anstalt für Arbeitsnachweisung wurde von 2209 Individuen Arbeit gesucht; dagegen wurden nicht weniger als 4987 Personen zur Arbeit verlangt, und 4531 Individuen erhielten wirklich Beschäftigung, so dass die Nachfrage um Arbeitskräfte nicht einmal ganz befriedigt werden konnte. Hieraus ersieht man 1) wie häufig in der That der Grund der Arbeitslosigkeit in dem Mangel an Arbeitsnachweis liegt und wie vortrefflich demnach derartige Institute sich bewähren. 2) wie doch nicht selten auch Schlaffheit, Mangel an innerm Trieb die Arbeitslosigkeit erzeugt, indem man es an angelegentlicher Bemühung um Arbeit fehlen lässt oder von der sich darbietenden Gelegenheit keinen Gebrauch macht. 3) wie schön und leicht sich in vielen Fällen die Arbeitskräfte ausgleichen oder je nach den örtlichen Bedürfnissen austauschen liessen, wenn dergleichen Nachweisungsbüreaux aller Orten vorhanden wären und unter einander in fortwährendem Rapport ständen. — Mit dieser Einrichtung müsste in Verbindung stehen die Einführung von Arbeits-, Führungs- oder Controllbüchern, ähnlich den in Frankreich gebräuchlichen Livrets, woraus die Art der bisherigen Arbeit, das Mass der Geschicklichkeit und der Grund der Entlassung zu ersehen wäre.

Alle weiteren Massregeln können nur unter besonderer Mitwirkung der resp. Central-, Provinzial-, Bezirks- und Localvereine, sowie der Communal- und Staatsbehörden ins Werk gerichtet werden. Dahin gehören: a) Creditanstalten oder Beschaffung zinsloser Darlehen und Vorschüsse an unbemittelte Personen, wie sie z. B. die Administration des Pfandhauses in Paris gewährt. — b) Die Bereithaltung öffentlicher Arbeiten, um bei eintretenden Stockungen im Privatbetriebe möglichst Vielen Beschäftigung und Unterhalt für den Augenblick zuzuwenden. — c) die Anlegung von Armencolonien, jedoch nicht in so kümmerlich kleinartiger Weise wie bei Berlin, sondern etwa nach dem Muster der grossartigen Armencolonie Ostwald bei Strassburg, deren Ergebnisse so überraschend glücklich sind. Giebt die Commune das Grundstück dazu her, so hat sie auch den Ertrag davon zu ziehen. Die Lebensweise, die Arbeit, das ganze Tagewerk der Colonie ist nach dem Princip der Gemeinsamkeit zu organisiren. Die Arbeiter erhalten gemeinsame Wohnung, Beköstigung, Kleidung u. s. w., wofür $\frac{2}{3}$ des Tagelohnes in Abzug kommen. Auch die Klassificirung nach der Tüchtigkeit und dem sittlichen Verhalten hat sich bewährt. Die Mitglieder können austreten sobald sie ein anderweitiges Unterkommen finden; der Zweck der Armencolonien ist nur der, der Brodlosigkeit und ihren Folgen vorzubeugen, die Aufgenommenen an Arbeitsamkeit und sittlichen Lebenswandel zu gewöhnen. — d) allgemeine Massnahmen zur richtigeren Vertheilung und besseren Benutzung der Arbeitskräfte. Die Einleitung und Durchführung derselben müsste eine der wesentlichsten Bestimmungen solcher Institute wie der Preussischen Seehandlung sein. Nicht nur vermöchte diese letztere in den Preussischen Landen am ehesten für vorübergehende Arbeitsgelegenheiten, sondern auch für Colonisationen, in wirksamerer Weise als etwa die belgische Colonisationsgesellschaft, Sorge zu tragen. Und unbedenklich ist sie das geeignetste Organ, um das Gleichgewicht der Kräfte und der Arbeit, der Production und der Consumtion zu vermitteln, Auswege für den Ueberfluss sowohl an Arbeitskräften wie an Waaren zu eröffnen, die industriellen Verbesserungen der Fremde in die Heimath zu verpflanzen und dadurch die Gewerbthätigkeit des Inlandes auf die Höhe des Auslandes zu erheben und zur Concurrenz mit demselben zu befähigen; also namentlich auch am geeignetsten, um bestimmte zurückgebliebene Erwerbszweige da wo sie sich wegen der besseren und wohlfeileren Concurrenz des Inlandes selbst nicht mehr zu halten vermögen, wie die Handspinnereien und Webereien in Schlesien den Maschinenfabrikaten gegenüber, entweder zeitgemässer zu entwickeln oder nach arbeitsbedürftigeren anspruchsloseren Gegenden zu übersiedeln oder endlich durch andere lohnendere Erwerbsquellen zu ersetzen, und überhaupt dergestalt die wahrhafte Organisation der Arbeit allmählig anzubahnen. — Endlich würden hieher gehören: e) gesetzliche Bestimmungen gegen die masslosen Güterparcellirungen, sowie gegen das Uebermass der Gewerbefreiheit oder gegen die Gewerbeanarchie: es sind namentlich Bestimmungen gegen das zu frühe Verheirathen und Beschränkungen im Sinne der gewerblichen Vereine wie sie z. B. in Baiern bestehen wünschenswerth, dergestalt dass zum selbstständigen Betrieb vor allem und ohne Ausnahme nur der durch Alter und Geschicklichkeit dazu Befähigte, also der Grossjährige und Geprüfte berechtigt wäre; überdies aber müsste der Nachweis eines pecuniären Rückhaltes zur Deckung etwaiger Ausfälle für die erste und deshalb unsicherste Zeit des Betriebes erforderlich sein, da ohne einen solchen Rückhalt nur zu gewöhnlich von vornherein an kein Emporkommen zu denken ist, vielmehr der neubegründete Hausstand sofort auch schon dem Untergange entgegengeht. Da wo noch wie in Berlin, die beklagenswerthe Sonderung der Gewerbtreibenden in Zünftige und Unzünftige besteht, würde es sicher von den heilsamsten Folgen sein, wenn die Zünfte, Innungen oder Gilden sich entweder zu gewerblichen Vereinen umgestalteten oder doch zeitgemässe Reformen eintreten liessen; in beiden Fällen wäre eine Einigung der beiden Gegensätze zu erhoffen; diese hätte dann nothwendig die Zugänglichkeit der jetzt auf die Zünftigen beschränkten Gewerkskassenverbände für die Gesammtheit der Berufsgenossen in allen Gewerben zur Folge, und dadurch würden diese an sich schon auf Wechselseitigkeit beruhenden Institute unmittelbar selbst zu freien Associationen erwachsen, ohne dass es von Seiten der Localvereine erst der Bildung neuer bedürfte; nur müsste freilich sowohl der Organismus wie die Ausstattung und Wirksamkeit mehrfach modificirt und erweitert werden.

6) Durch eine entsprechende besondere Fürsorge für das weibliche Geschlecht. Denn jeder Genossenschaft liegt unbedenklich die Pflicht ob, auch des in seiner Existenz nicht gesicherten Theiles der ihr zugehörigen weiblichen Individuen sich anzunehmen. Dies geschieht: a) durch Säuglingsanstalten, wo die auf Arbeit gehenden Mütter Morgens ihr Kind abgeben, Mittags stillen und Abends wieder abholen; ohnedies sind sie genöthigt entweder theures Wartegeld zu zahlen oder auf alle Arbeit ausser dem Hause zu verzichten oder den Säugling in der Wiege oder auf dem Stroh allein seinem Schicksal zu überlassen. Mit der Gründung solcher Institute hat man nunmehr in Paris den Anfang gemacht. b) durch Kinderheilanstalten, wie deren schon an manchen Orten, auch in Berlin, obwohl noch in kümmerlicher Weise bestehen. Auch sie dienen dazu, anderer Vortheile nicht zu gedenken, den ausser dem Hause beschäftigten Müttern den Zeitaufwand der Krankheitspflege zu ersparen. c) durch Stiftungen für unversorgte verwittwete Frauen und ledige Jungfrauen einer gewissen Altersstufe, wie deren für die höheren Klassen zum Theil schon, wenn auch keinesweges in genügender Weise, z. B. für Officiers- und Beamtentöchter vorhanden sind, und wie sie füglich auch für andere Stände, für unverheirathete Töchter aus dem Kaufmannsstande, dem Gelehrtenstande u. s. w. längst schon vorhanden sein sollten. Zugleich könnte man die Kräfte der also versorgten weiblichen Individuen der arbeitenden Klassen, soweit dies rathsam, für anderweitige Zwecke der Association in Anspruch nehmen, z. B. zur Beaufsichtigung der Kinder weiblichen Geschlechts in den Fabriken.

Dies führt uns zu den Mitteln, welche

II. Die sittliche und geistige Entwicklung zu fördern geeignet sind. Dahin gehören

1) Kleinkinderbewahranstalten. Wir zählen diese unbedenklich, wie unscheinbar sie sich auch darstellen, zu den be-

deutsamsten, zu den sittlich grossartigsten Schöpfungen unserer Zeit; denn in ihnen entwickeln sich die Garantien einer mehr und mehr erstarkenden sittlichen Gesundheit aller künftigen Generationen und mithin die schönsten Keime eines unendlichen Segens für die ganze Menschheit. In den ersten Jahren seines Daseins ist ja das Kind am empfänglichsten für alle sinnlichen Wahrnehmungen. Wer vermag, nicht die Hunderte oder Tausende, sondern die Legionen von Eindrücken zu zählen, die es da unbewusst in sich aufnimmt, und die in dem innersten Grunde seiner Seele die entscheidenden Wurzeln schlagen, welche das ganze Gebilde des Lebens bedingen, indem aus ihnen der Baum der Individualität erwächst, durch sie die Richtung des Herzens und Gemüthes, des Temperamentes und des Charakters auf immer bestimmt wird. Keine Altersstufe bedarf daher einer grösseren, hingebenderen Sorgfalt, auf dass jene entscheidenden Eindrücke nicht dem Zufall anheim gestellt, sondern mit Einsicht und Gemüth zu dem Ziele eines sittlich schönen und harmonischen Gedeihens geleitet werden. Darum aber ist es auch nöthig, das System dieser Anstalten nicht nur unablässig zu verbessern, sondern auch in der grossartigsten Weise räumlich auszudehnen. Noch dürfte an keinem Orte die Zahl derselben dem Bedürfniss entsprechen; in Berlin, wo durch wohlthätige Bemühungen in kurzer Zeit sehr viel dafür gethan ist, möchte kaum das doppelte und dreifache der bestehenden Anstalten genügen. Und nicht allein in den Städten, auch in jeglichem Flecken und Dorfe müssen ähnliche, leicht mit den Schulen zu verbindende Institute geschaffen werden. Es thut nimmer gut, wenn die erste Erziehung der Jugend eine Selbsterziehung ist, wenn man sie viehisch unter dem Vieh aufwachsen lässt, wenn nichtsnutzige oder gemeine Gassen- und Landstrassenereignisse den Hauptinhalt ihrer täglichen Erfahrungen und ihrer nächtlichen Träume bilden, wenn man den langwierigen Process, der sie der Emancipation erst fähig und würdig machen soll, schon in den zartesten Jahren mit der Emancipation selber beginnt. Und doch, was bleibt den Eltern denen die Beschäftigung mit ihrem Broderwerbe nicht gestattet mit ihren Kindern sich zu beschäftigen, anders übrig als diese sich selbst zu überlassen, da wo es an jenen segensreichen Jugendasylen gebricht. — Aus ihnen erwächst noch ein anderes Heil für die Zukunft: die Sympathie der verschiedenen Stände; denn da nicht bloss die arbeitenden, sondern fast alle Klassen der Gesellschaft thatsächlich von ihnen Gebrauch machen, so knüpfen sich hier, in dem gemeinsamen Verlebniss der empfänglichsten Jahre, am ehesten die Fäden an, welche die heut nur allzu scharf gesonderten Stände allmählig mit einander zu verweben und jenen auf „Wohlwollen gegründeten unzerstörbaren Bund" zwischen ihnen einzuleiten vermögen, der ja das herrlichste Endziel der schönen Wirksamkeit bildet, welche der Centralverein für das Wohl der arbeitenden Klassen in Preussen sich zur Aufgabe gestellt hat. — Was die Kleinkinderbewahranstalten anbahnen, das haben

2) die Elementar-Freischulen fortzuführen, die gleich wie jene so lange der Wohlthätigkeit oder dem Staate, der Commune und den Localvereinen überlassen bleiben müssen, bis die Associationen sich genugsam gekräftigt, um sie durch eigene Mittel zu unterhalten. Recht bald aber möge wenigstens die indelicate Benennung „Armenschulen" und mit ihr der Schein verschwinden, als kokettire die Wohlthätigkeit mit ihrer Gnade; wer den Armen immer und ewig nur an seine Armuth erinnert, erweckt in ihm das Gegentheil von dem was erzielt werden soll, statt des sittlichen Selbstgefühls entweder stumpfsinnige Apathie oder trotzige Unverschämtheit. — An die Elementar - Freischulen haben sich Sonntags - Freischulen, Abendschulen u. s. w., in nächster Instanz anzulehnen, sowohl für Lehrlinge als für die auf Selbsterwerb, namentlich in Fabriken, angewiesenen Kinder. Wenn wir in diesen grossartigen Menschenbehältern für die arbeitende Jugend eine Hauptquelle des moralischen Verderbnisses erkannten, so stellt sich

3) Die sittliche Beaufsichtigung der Kinder beiderlei Geschlechts in den Fabriken als eine unabweisbare Nothwendigkeit heraus; denn sie erscheint, wenn nicht als die einzig mögliche, doch als die einzig humane und daher als die angemessenste Form, um der Verwilderung und dem Umsichgreifen der Unzucht entgegenzuwirken. Zur Ausübung dieser Con-

trolle würde die Association sich auf die geeignetste Weise der von ihr Altershalber verpflegten männlichen und weiblichen Mitglieder bedienen können, soweit sie körperlich und sittlich dazu qualificirt wären. Dadurch würde denselben noch ein letzter, vielleicht der schönste Lebensberuf und die edelste Anwendung ihrer Musse vergönnt sein, und zugleich neuerdings die überall zu erstrebende Wechselwirkung von Pflichten und Rechten, der segensreichste Boden der sittlichen Freiheit, erweitert werden. Dass die möglichste Trennung der beiden Geschlechter in den Fabriken höchst wünschenswerth sei, sollte kaum noch der Bemerkung bedürfen.

4) Wenn die sittliche und geistige Fortbildung des Menschen zu keiner Zeit aufhören, also auch mit dem Eintritt in den Erwerbsberuf nicht plötzlich abgebrochen werden darf, und wenn andrerseits ein Uebermass an körperlicher Arbeit die Empfänglichkeit dafür oft bis zu völliger Gleichgültigkeit, ja bis zum Widerwillen abstumpft: so erscheint auch die sorgsamste Regelung der Arbeitszeit, sowohl bei Kindern wie bei Frauen und Männern, als ein wesentliches Bedürfniss. Wo der geltende Satz der Arbeitsstunden eine erschöpfende Anstrengung bedingt und nicht eine hinreichende Zeit zur intellectuellen Weiterbildung oder zu sittlichen und geistigen Genüssen erübrigen lässt, da muss nothwendig eine Herabsetzung desselben bewirkt werden, natürlich auf dem Wege genossenschaftlicher Bestimmung, und zwar am zweckmässigsten für die Abendzeit; denn zur Förderung der sittlichen und geistigen Bildung unter den Erwachsenen sind unbedenklich das geeignetste Mittel

5) Abendzusammenkünfte oder Feierabendvereine der Arbeiter, wie sie sich bereits vieler Orten und neuerdings auch zu Berlin in den jetzt sogenannten Gesellenvereinen bewährt haben.. Jede Association würde eigener Locale bedürfen, da die Versammlungen, schon um die Menge der Theilnehmer zu zertheilen, täglich stattfinden müssten; in nicht seltenen Fällen gewiss wären die Arbeitgeber selbst im Stande passende Räume dazu unentgeltlich zur Verfügung zu stellen. Zweck und Charakter der Zusammenkünfte müssten überall denen der Gesel-

lenvereine im Wesentlichen entsprechen, belehrende Vorträge jeglicher Art, bildende Unterhaltungen nnd gesellige Familienvergnügungen abwechselnd die Abende füllen. Auch freier Unterricht in einzelnen dem Bildungsgrade der Arbeiterklasse angemessenen Fächern für die darin Zurückgebliebenen oder weiter vorwärts Strebenden dürfte nicht fehlen, und gemeinsame Excursionen in die freie Natur zur Sommerzeit eine eben so angenehme Würze dieser Vereinszwecke bilden, wie die geselligen Familienvergnügungen zur Winterzeit ihnen einen anregenden und deshalb keineswegeszu verachtenden Reiz verleihen. Die Verwaltung läge zunächst dem Vorstande der Association ob; zu den Versammlungen aber haben Ehrenmitglieder aus allen Ständen Zutritt, denen auch die vortragenden und unterrichtenden Personen überall angehören würden, wie dies schon jetzt bei Vereinen der Art der Fall ist. Es bieten sich also zugleich auch hier wiederum die trefflichsten Anknüpfungspunkte dar, um auf die mit Recht so ersehnte und erstrebte Ständeverbrüderung hinzuwirken. — Wie nun aber bei der Förderung der höchsten menschlichen Interessen die Städte überhaupt in keiner Weise eines Vorzuges vor dem platten Lande geniessen dürfen, also auch nicht in diesem Punkte. Freilich müssen für das letztere besondere Hebel in Bewegung gesetzt werden, da die Kräfte des Landgeistlichen weder zeitlich noch wissenschaftlich ausreichen, um auch nur einige Male in der Woche feierabendliche Unterhaltungen mit ausdauernder Frische und in mannigfaltig anregender Weise zu leiten. Doch dürften ähnliche Erfolge wie in den Städten am ehesten durch reisende Candidaten geistlichen und weltlichen Standes zu erreichen sein, deren Zahl ja mehr als genügend ist um die Bedürfnisse des platten Landes zu decken, und deren Kräfte oft jetzt viele Jahre lang brach liegen, nicht nur ohne praktischen Nutzen für die bürgerliche Gesellschaft, sondern sogar zu deren sittlichem Schaden, da in unbenutzten organischen wie unorganischen Kräften sich stets allmählig ein Process der Fäulniss entwickelt. Der Vortheil einer solchen Einrichtung wäre also ein doppelter, ja ein dreifacher; denn nicht nur käme dadurch mannigfaltige geistige

Bildung unter das ganze Volk, und der stagnirende Ueberfluss an Intelligenz zu einer segensreichen Wirksamkeit, sondern auf diesem Wege würden auch die Candidaten jedes Faches die gewiss wünschenswerthe Gelegenheit finden, sich auf das Würdigste und Praktischste für ihren schliesslichen Lebensberuf vorzubereiten. Natürlich würde ihr Unterhalt durch die betreffende Association, oder insofern deren pecuniäre Mittel dazu nicht ausreichen, durch die betreffenden Kreis-, Bezirks- oder Provinzialvereine für das Wohl der arbeitenden Klassen, oder auch von Staats- und Gemeindewegen zu bestreiten sein. Ihr Aufenthalt an einem und demselben Orte, wofern sie nicht Anlass haben sich definitiv dort ansässig zu machen, dürfte nicht unter einem Vierteljahre und nicht über ein volles währen; in ihrer Wirksamkeit aber würden sie sicher nicht nur von Seiten der Ortsgeistlichen, sondern auch von Seiten der Gutsbesitzer, der Schullehrer, aller durch Herz und Kopf dazu Berufener die kräftigste Unterstützung finden, und allweges in freudiger Gemeinschaft mit ihnen an dem grossen Werke der Volksbildung arbeiten. — Dass mit dem lebendigen Verkehr durch Lehre, Vortrag und Unterhaltung auch die mittelbare Einwirkung durch die Schrift oder die Presse Hand in Hand gehe, ist in hohem Grade wünschenswerth; denn eine wohlgewählte Lectüre trägt unbedenklich, wenn auch keineswegs das ganze Heil auf ihr beruht, sehr viel zur Kräftigung des sittlichen und geistigen Vermögens bei. Deshalb sind solche Institute wie das Lesezimmer für die arbeitenden Klassen in London, oder wie der Verein für Verbreitung gemeinnütziger Kenntnisse zu Dortmund, namentlich aber die Anlegung von Volksbibliotheken, als Vermittler dieser Aufgabe sehr zu empfehlen, da es ohnedies dem Zufall preisgegeben wäre, ob immer grade die angemessensten Erscheinungen der Literatur sich von selbst den Weg in die Kreise bahnen würden, für die sie berechnet sind.

6) Endlich ist es nicht zu verkennen, dass schon das Wesen der Association an sich sittliche Wirkungen der schönsten Art involvirt, dass sie eigentlich dasjenige Mittel ist, wodurch allein die Hebung der unteren Klassen aus sich selbst, also

von innen heraus bewirkt werden kann; denn in jedem durch Gleichartigkeit der Interessen oder durch das gleiche Wohl und Wehe zusammengeführten Verbande erwächst auf natürlichem Wege eine sittliche Macht. Das Princip der Gegenseitigkeit der Unterstützung, die Wechselwirkung von Rechten und Pflichten, die Theilnahme an der Verwaltung der eigenen Angelegenheiten, die Ueberzeugung von der Nothwendigkeit die Ehre der Genossenschaft aufrecht zu erhalten, — alle diese Momente tragen ungemein zur Stählung des Selbstgefühles und der Selbstüberwindung bei. Denn für eine Ehre muss es eben gelten, einer Association angehören zu dürfen, bei der nicht wie in der Gütergemeinschaft der Faule mit dem Tüchtigen, der Lasterhafte mit dem Rechtschaffenen gleichgestellt ist. Nicht die Leistung des Beitrags ist die Hauptbedingung, sondern die moralische Qualification; durch Unmässigkeit, Verschwendung, Sittenlosigkeit, wird die Ehre der Genossenschaft verwirkt. Wie aber hat sich die Association gegen die von ihr Ausgeschlossenen oder Abgefallenen, gegen die wegen Vergehungen oder Verbrechen vom Staate eingezogenen und bestraften Mitglieder zu verhalten? Gewiss dürfen ihre Interdicte gegen dieselben keine unwiderruflichen sein; vielmehr muss sie gerade ihnen, und namentlich den entlassenen Sträflingen, die grösste, angelegentlichste Fürsorge widmen, um sie auf die Bahn des Guten und nach bestandener Probe zur Ehre und in den Schooss des Verbandes zurückzuführen. Denn die Hoffnung auf Besserung des Menschen darf bis zum letzten Augenblicke seines Lebens nicht aufgegeben werden; und eben dieser Gesichtspunkt ist es auch vornehmlich, von dem aus die Todesstrafe unbedingt verworfen, ja als ein moralischer Mord und als ein logischer Widerspruch betrachtet werden darf; denn der einzig vernünftige Zweck aller Strafe ist doch eben der zu bessern, durch die Todesstrafe wird also widersinnigerweise grade das verhindert was bezweckt werden soll. Aus dem moralischen Zweck der Strafe geht auch hervor, dass die einsame Haft vor der gemeinsamen unbedenklich den Vorzug verdient; aber sie allein genügt nicht; es müssen mit ihrer Anwendung zugleich Mittel in Bewegung gesetzt werden, welche das Bewusstsein des Sträflings allseitig aufklären, und in ihm einen neuen Menschen erziehen, — Mittel die ihn in stetem geistigen Verkehr mit den höchsten Gütern der verwirkten Freiheit erhalten und eben dadurch, nicht auf dem Wege des Zwanges, sondern der freien moralischen Ueberzeugung, die Sehnsucht nach den edleren Genüssen des Lebens und die Reife zur Wiedergeburt für die Aussenwelt in ihm herbeiführen. Dahin aber würden, in allen öffentlichen Straf- und Besserungsanstalten, nicht bloss Kirchendienst und Predigt wirken, sondern vor allem auch belehrende, Geist und Herz beschäftigende, auf die Belebung und Kräftigung des gesammten Seelenvermögens hinleitende Vorträge und Zwiegespräche. Und hierfür könnte man wiederum die überfluthenden Kräfte der Intelligenz aus den Kreisen derer in Anspruch nehmen, welche zu einem festen Wirkungskreise noch nicht gelangt sind und für denselben grade auf diesem Wege die unschätzbarsten Erfahrungen, eine Menschenkenntniss sich sammeln würden, die ihnen nachmals, seien sie geistlichen oder weltlichen Standes, auf allen Bahnen des Berufslebens als ein untrüglicher Wegweiser zur Seite stehen, ihnen eine Fähigkeit für die Auffassung aller irdischen Angelegenheiten, eine Reife der Entschlüsse und des Handelns geben würde, wie sie jetzt in eben diesen Kreisen grade am meisten vermisst wird.

Wenn das wirthschaftliche und leibliche Wohl, die sittliche und geistige Bildung, wie man nicht läugnen kann, die Freudigkeit der Arbeit und damit überhaupt die Thätigkeit und Betriebsamkeit erhöhen: so wird man zugeben müssen, dass alles was auf jene von Einfluss ist, mittelbar auch schon

III. das Gedeihen der Industrie selbst fördert. Zwar erscheint umgekehrt deren wundersames Emporblühen oft als ein Grund des wirthschaftlichen Nothstandes; doch wofern man nur die Principien zu finden und anzuwenden weiss, welche die schädlichen Folgen einer plötzlichen Steigerung derselben, durch Ableitung arbeitsloser Kräfte, durch Eröffnung neuer Absatzwege oder durch Begründung neuer Erwerbszweige, zu beseitigen im Stande sind, — muss der Fortschritt der Industrie und mit ihm die Steigerung der Production, wie dies auch grosse Staatsökonomen behauptet haben, vielmehr selbst als ein wesentliches Mittel zur Verminderung der Armuth und zur Erhöhung der Wohlfahrt betrachtet werden, weil dadurch eine grössere Wohlfeilheit der Bedürfnisse und mithin eine leichtere Befriedigung derselben bedingt ist. Nur muss freilich dieser Fortschritt in allen Zweigen der Industrie ein möglichst gleichzeitiger und gleichmässiger sein, und namentlich auch auf die Erzeugung und Vervielfältigung der rohen Producte sich erstrecken, damit die Erleichterung wirklich den unteren Schichten der Gesellschaft, und nicht bloss den mittleren und höheren zu statten kommt. Ueberdies aber ist die Förderung der Industrie ein unentbehrlicher Hebel wie eine wesentliche Aufgabe, also zugleich Zweck und Mittel der nationalen und der weltgeschichtlichen Entwicklung. Deshalb konnte auch der Zunftzwang, der als natürlicher Feind jeglichen Fortschrittes der betriebsamen Handhabung dieser Aufgabe die grössten und wahrhaft plumpe Hindernisse in den Weg stellte, nicht auf die Dauer bestehen.

Sehen wir nun von jenen entfernteren mittelbaren Einwirkungen auf die Vervollkommnung der Industrie ab, so dürften als unmittelbare Hebel derselben, theils von Seiten der Associationen selbst, theils von Seiten des Staates, der Communen oder der Localvereine, vorzüglich folgende durch die Praxis wiederum hinlänglich bewährte, doch immer nur sporadisch ans Licht getretene Institutionen, überall gleichmässig in Anwendung zu bringen sein:

1) Polytechnische und Gewerbeschulen, welche als eine für die Vervollkommnung der Handwerke ganz unentbehrliche Lehrform betrachtet werden müssen, da die handwerksmässige Erlernung der Gewerbe nicht mehr ausreicht, um den Ansprüchen der Zeit auf Vervollkommnung zu genügen. Es ist daher ihre Aufgabe, allmählig mehr und mehr die althergebrachte durch die Zünfte eingebürgerte Lehrform zu verdrängen, die, trotzdem dass sie den Lehrling eben nur in den rein handwerksmässigen Betrieb einweiht, doch einen weit grösseren Zeitaufwand von Seiten des Lernenden, als die tech-

nisch wissenschaftliche Ausbildung in Anspruch nimmt. — Hierher gehören auch Webe- und Spinnschulen, wie wir sie z. B. in Elberfeld, im Bielefeldischen, in Zobten u. a. O. finden, und alle ähnlichen Institute der Art, welche den technischen Fortschritt des einzelnen Gewerbes im Auge haben.

2) Die Aussetzung von Preisen für solche Erfindungen, in allen Fächern des Landbaues und der Industrie, welche die Technik vervollkommnen oder die Arbeit erleichtern, und die Production vermehren oder die Qualität der Producte erhöhen.

3) Industrieausstellungen, über deren Nutzen als Mittel eines höheren Aufschwunges der Gewerbsthätigkeit wir in heutiger Zeit kein Wort mehr zu verlieren brauchen. Nur scheint es uns als ob so colossale Ausstellungen wie wir sie in neuester Zeit in Paris, Berlin und anderwärts erlebt, weil hier das einzelne Werthvolle unter der Masse der Eindrücke leichter verschwindet, vielleicht zur Erreichung des eigentlichen Zwekkes weit weniger heilsam sein dürften, als grade kleinere, auf ein oder einige Zweige der Industrie beschränkte Ausstellungen. Diese müssten von Seiten der Industriellen oder der Associationen selbst unternommen und angeordnet werden, und würden den prüfenden Schauer, ohne den Reiz und die Gefahr tausendfacher oft gar nicht zur Sache gehöriger Zerstreuungen, nothwendigerweise unmittelbar auf den Zweck selber statt auf gleichgültige Nebendinge und prunkenden Zierrath hinleiten.

IV. Der sociale Gemeinsinn wird schon durch den Geist der Genossenschaft an sich, durch das freie unverbrüchliche Aneinanderschliessen und durch alle die Mittel erzogen, welche zunächst den wirthschaftlichen, sittlichen und geistigen Zwecken dienen, namentlich durch die vertraulichen Abendzusammenkünfte und die unter II. 6. angeführten sittlichen Momente. Insbesondere aber wird er geweckt und genährt

1) durch die Theilnahme der Arbeiter selbst an der Leitung der Association und der Verwaltung ihrer Einrichtungen. Ueberall wo sich lebenskräftige Schö-

pfungen des Associationsgeistes entfaltet haben, sehen wir daher auch diese Theilnahme als eine wesentliche Lebensbedingung anerkannt, als den Nerv der die massenhafte Gliederung in fester Einheit zusammenhält. — Wer bedauert nicht aufrichtig den Geist der Aufsessigkeit, der jetzt in so vielen Gegenden und Orten die Arbeiter beherrscht und sie in einen endlosen und wachsenden Kampf mit den bürgerlichen und polizeilichen Ordnungen zu verwickeln droht! Und doch, was ist der Grund dieser Aufsessigkeit, dieses gehässigen Uebelwollens gegen die Gesellschaft, das sich oft genug in absichtlich herbeigeführten Reibungen kundgiebt? Nichts anders als eben der Mangel an socialem Gemeinsinn, der nothwendig da fehlen muss, wo der Proletarier sich isolirt, sich ausschliesslich auf sich selbst angewiesen sieht, wo er sich von der Gesellschaft unterdrückt, verworfen und ausgestossen glaubt, und nun in den Wahn verfällt als gebe ihm dies ein Recht sich als aus allen sittlichen Banden der Gesellschaft emancipirt zu erachten und danach zu handeln. Dieser Wahn mit seinen unseligen Folgen, mit seinen bitteren und leidenschaftlichen Demonstrationen, kann nur mit der Aufhebung der Isolirung, und diese nur mit der Bildung von Associationen verschwinden. Mit dem Geist der auf Wechselseitigkeit von Rechten und Pflichten beruhenden Associationen kehrt, wie die Erfahrung bei verschiedenen Anlässen und in verschiedenen Gegenden aufs Glänzendste bewährt hat, neben dem socialen Gemeinsinn auch der freie Gehorsam und die friedliebende Gesinnung unter die arbeitenden Klassen ein. Der Proletarier fühlt sich geehrt und gehoben; er sieht nun, dass auch er in der Welt etwas *ist*, dass er, von der Gesellschaft mit tausend Fäden umschlungen, selbst ein Glied derselben bildet, dass er ihr nicht mehr wie einer eigennützigen Despotin dient, die ihn als blosse Sache behandelt und nach Willkür gebraucht oder wegwirft. Alle gemeinsamen Institute der Associationen, namentlich aber auch — wie nicht zu verkennen und thatsächlich constatirt ist — Sparkassen, Lebensversicherungen und ähnliche Einrichtungen, bilden mit der durch sie bedingten Mässigkeit, Sparsamkeit, Sittlichkeit und Friedliebe auch die so nothwendigen Garantien der öffentlichen Ruhe und Sicherheit heran, da jegliche Störung, jede Gewaltsamkeit nun nicht mehr bloss die Person, sondern auch Rechte und Eigenthum compromittirt. — Die wesentlichste Bürgschaft friedlicher Entwicklung giebt aber eben die Theilnahme an der Verwaltung der Association und ihrer Einrichtungen. Denn die Arbeiter, in allen ihren Interessen durch Ihresgleichen vertreten, bedürfen dann keiner Gewalt, keiner Auflehnung mehr, um dieselben zu wahren und ihre Wünsche einer billigen Entscheidung entgegenzuführen. Die sociale Vertretung ruft wie das Ehr- und Selbstgefühl so auch das sociale Vertrauen, dieses aber die Liebe zur Gesellschaft. und die gegenseitige Achtung hervor.

2) Wie schon jetzt die Gewerke oder Zünfte ihre eigne Polizei haben, so ist es wünschenswerth dass dieselbe allen Genossenschaften wie wir sie hier im Sinne haben verliehen werde. Dadurch würde für die Entwicklung des brüderlichen Gemeinsinns wiederum eine wesentliche Grundlage gewonnen werden, abgesehen von den materiellen Vortheilen die daraus dem Staate durch die Vereinfachung und engere Begrenzung seiner Verwaltungskreise erwachsen würden. Wie verlautet soll in Preussen ein eigenes Gewerbepolizeigesetz erlassen werden, welches in der That den Gewerbtreibenden die Vollmacht zu eigener Polizei im Verbande mit Sachkundigen ertheile.*) Dies würde um so vollkommener den Bedürfnissen entsprechen und um so erfolgreicher wirken, wenn wir uns die Associationen nicht in ihrer jetzigen steifen und zunftmässigen Verpuppung beharrend, sondern in lebenskräftiger Entfaltung begriffen denken. Die Sachkundigen oder Werkrichter müssten natürlich, gleichwie die prud'hommes in Frankreich, nicht einseitig ernannt, sondern durch die freie Wahl der Gesammtheit, der Arbeiter und der Herren, der Gesellen und der Meister, erwählt werden.

---

*) In der Allgemeinen Gewerbeordnung vom 17. Jan. d. J. finden wir dafür einen Anknüpfungspunkt nur im §. 137, welcher der besonderen Behörden für Streitigkeiten der selbstständigen Gewerbetreibenden mit ihren Gesellen, Gehülfen oder Lehrlingen gedenkt, und nach §. 145 auch auf die Fabrikarbeiter in Anwendung kommt.

3) Sehr heilsam würde sich auch die Begründung von Arbeiterzeitungen erweisen, welche die Bestimmung hätten über den Fortgang aller Vereinsbestrebungen zum Wohle der arbeitenden Klassen fortlaufend zu berichten und alle Interessen derselben pro und contra zu berathen. Dadurch würde Lust und Begeisterung in Athem, die Sache in frischem Zuge erhalten werden. Bei einer Angelegenheit die ihrer Natur nach die Gesammtheit aller Einzelnen im Staate angeht, also in jeder Beziehung an die Allgemeinheit zu appelliren hat, muss nothwendig auch die allgemeinste Oeffentlichkeit in der Besprechung der Massnahmen, der Thatsachen und der Ergebnisse herrschen, wenn sie eben lebenskräftig und schöpferisch gedeihen, nicht verkümmern und verkrüppeln soll. Uns erscheint daher die Begründung eines solchen öffentlichen Organs schon mit der Bildung von Central-, Provinzial- und Localvereinen als eins der ersten und unerlässlichsten Bedürfnisse gegeben zu sein. Möge man baldigst demselben entsprechen; denn auch hier hilft kein Zögern und Geheimthun, sondern nur offenes nnd rasches Handeln.*)

4) Je mehr Schöpfungen die Associationen aus sich selbst heraus produciren, je mehr kräftigt sich naturgemäss der Gemeinsinn, weil mit ihnen sein Inhalt oder sein Object wächst, die Anknüpfungspunkte seiner Entwicklung sich vermehren. Aus diesem Grunde dürfte die Errichtung besonderer eigener Anstalten für die Hülfsbedürftigen, als Kranken-, Invaliden- und Werk- oder Arbeitshäuser, wünschenswerth erscheinen, zumal dadurch die Verwaltung vereinfacht und die Controlle, besonders zur Verhütung betrüglicher Ansprüche, ungemein erleichtert wird. Und im Allgemeinen hat in der That die Praxis bei diesem Verfahren eine grössere Wirksamkeit bewährt, als bei der Verpflegung und Versorgung der Hülfsbedürftigen in ihren Wohnungen. Wir erinnern nur an die kost-

*) Es freut mich, noch nachträglich der so eben angekündigten Zeitschrift des Dr. Hast gedenken zu können, welche unter dem Titel Central-Organ etc. sich den sämmtlichen Vereins-Angelegenheiten widmen will und von Ostern ab in monatlichen Lieferungen zu 4—5 Bogen erscheinen soll. Möge sie reichliche Früchte tragen!

spieligen Erfahrungen die in dieser Beziehung England gemacht hat, das in Folge derselben nunmehr zu dem System der Concentration zurückgekehrt ist. Indessen wird es rathsam sein, diese an sich schwierige Frage behutsam zu behandeln und die Entscheidung jederzeit im Einzelnen je nach den localen Bedürfnissen zu ermessen. Es kann hie und da Verhältnisse geben, namentlich insofern sie durch häusliche Umstände bedingt werden, welche die private Verpflegung zweckgemässer erscheinen lassen; und wo allgemeine Anstalten der in Rede stehenden Art, etwa auf Veranlassung des Staates oder der Commune, schon in ausreichender Zahl vorhanden sind, würde eine Vermehrung derselben von Seiten der Associationen unbedingt ganz unräthlich und der Aufwand besser auf andere Zwecke zu übertragen sein. Eventuell aber müssten dergleichen milde Anstalten der Associationen so eingerichtet werden, dass sie auch wirklich dem Stande der Aufzunehmenden entsprächen, nicht darunter blieben und noch weniger, worin man namentlich in England so oft fehlt, darüber hinausgingen. Denn der Aufgenommene muss sich zwar wohl darin fühlen können, aber nicht so wohl, dass die Aufnahme ein Ziel des Strebens werde. Eine besondere Sorgfalt würde für die Einrichtung allgemeiner Versorgungsanstalten für brodlose Handwerker, der sogenannten Werk- oder Arbeitshäuser, zu empfehlen sein. Sie müssten Werkstätten für die verschiedenen Gewerbe enthalten, wo indessen, um jede widerliche Concurrenz zu vermeiden, nicht für den öffentlichen Verkauf, sondern wiederum nur für milde Zwecke gearbeitet würde. Auf diese Weise könnten alle Einrichtungen der Genossenschaften und der Wohlfahrtsvereine überall auf das Schönste harmonisch gedeihen und organisch in einander greifen. So würde z. B. die Schneiderwerkstatt die Aufgabe haben, die übrigen milden Anstalten der Einen oder der verschiedenen Associationen, die Kranken- und Invalidenhäuser, die Kleinkinderbewahranstalten u. s. w. mit Kleidungsstücken zu versorgen. Die dazu nöthigen Stoffe, insofern sie nicht — wie vorauszusetzen — ganz oder grösstentheils geschenkweise eingingen, müssten durch die Associationen nach Massgabe ihrer Betheiligung und ihrer Fonds angekauft werden. Und Aehnliches würde von den übrigen Werkstätten gelten. Die Aufnahme in die Werkhäuser dürfte ferner nur ein Benefiz für die unverschuldet herabgekommenen Mitglieder der Association sein, wobei wir aber eine Ordnung der Dinge voraussetzen, in der der Verarmung in Folge blosser Untüchtigkeit, übereilten Etablirens oder zu früher Verheirathung, durch gesetzliche Bestimmungen über Prüfungen, Capitalnachweis und Altersmündigkeit, von Staats- oder Associationswegen möglichst vorgebeugt ist. Der Aufzunehmende hätte, wo nicht Familienrücksichten eine Modification bedingen, freie Station, aber nur einen Theil des gewöhnlichen Lohnes zu gewärtigen und wäre der Anstalt, so lange er in derselben verharret d. h. bis sich ein selbstständiges Auskommen für ihn darbietet, zu jedwedem Dienst verpflichtet. Ausserdem müssten daselbst Sectionen für entlassene Sträflinge jedes Gewerkes bestehen. Denn der Austritt aus dem Gefängniss ist unbedingt ein noch weit gefahrvollerer Augenblick als der Eintritt in dasselbe, wofern nicht die Menschheit den Entlassenen, statt ihn verächtlich von sich zu stossen, vielmehr theilnehmend an sich heranzieht. Die nächste Aufgabe ist aber, dass er sogleich ein Unterkommen findet, das ihn der einsamen Grübelei, bitterer Verzweiflung oder bösen Neigungen und Anschlägen sofort entzieht, ihn in die Gesellschaft zurückführt und ihm ebensowohl einen moralischen wie einen ökonomischen Anhaltspunkt gewährt. Und diese Aufgabe würden eben die Werkhäuser am zweckgemässesten lösen. Das brüderliche Beisammensein mit Schuldlosen und doch Armen würde das beste Mittel sein, den Schuldbewussten zu einem neuen Menschen mit verjüngtem Streben und redlichen Vorsätzen zu erziehen. Niemand fliehe ihn, sondern jeder suche ihn auf; man nehme Theil an ihm, aber Niemand predige unberufen ihm Moral; denn der Process der Läuterung wird nicht durch geräuschvolles Eingreifen von aussen, sondern unter unmerklichen Eindrücken allmählig und still, geheim und lautlos im Innern vollzogen. Diese Eindrücke aber herbeizuführen ist die weitere Aufgabe; deshalb würden die Werkhäuser den entlassenen Sträflingen nicht nur Beschäftigung, sondern auch Gelegenheit zu geben haben, um das Gute im unmittelbaren Verkehr kennen zu lernen und in sittlich gemüthlicher Richtung sich zu befestigen. Dahin aber würde namentlich die Theilnahme an den Abendunterhaltungen und die Verwendung ausserordentlicher Mussestunden zum Besuche der Kleinkinderbewahranstalten und der ihnen verwandten Institute wirken. Dort würde im Umgange mit Gebildeteren das Bewusstsein reifen, hier im Umgange mit der kindlichen Unschuld die Reue und die neuen Triebe menschlich reinen Fühlens erwachen. Und so würde denn allerdings die Errichtung eigener milder Anstalten von Seiten der Associationen nicht nur die sociale und sittliche Gesinnung aller beisteuernden Mitglieder stählen, sondern zugleich der geeignetste Weg sein, um sinkende Individuen der Gesellschaft zu erhalten und gesunkene ihr wieder zu gewinnen. Die Menschheit hat fürwahr überall Gelegenheit die herrlichsten Triumphe zu feiern, wofern sie nur will.

Denn man rede uns nicht von Chimären, von Plänen die unausführbar seien, weil es dazu unerschwinglicher Geldmittel bedürfe. Zunächst ist ja nichts unausführbar was ausgeführt werden muss, nichts unerschwinglich was zu erschwingen die Noth gebietet. Ueberdies aber behaupte ich dreist, dass dem grossen Werke der Organisation des allgemeinen Wohles überhaupt Mangel an Geldmitteln weit weniger hinderlich werden dürfte als Mangel an Liebe und Begeisterung. Denn mit Geld mag man allerdings wohl Berge und Thäler ebnen, Flüsse schaffen und Meere ableiten; nur mit Liebe aber lassen sich Welten verwandeln und — was schwerer ist — Menschen ebnen. An die Liebe also müssen wir vor Allem appelliren. Und ist sie vorhanden: sollten wir ihrer Macht dann nicht vertrauen dürfen, dass sie schöpferische Kraft genug besässe, um auch die scheinbar unerschwinglichsten Werke äusserer Natur wie aus dem Nichts hervorzuzaubern? Wahrlich es ist leicht zu erweisen, dass und wie Verpflegungs- und Versorgungsanstalten, Kranken- und Invaliden-, Stifts- und Werkhäuser, fast ganz ohne unmittelbaren Geldaufwand, sei es der Associationen oder der Wohlfahrtsvereine, geschaffen werden können, wenn die Liebe an die wir appelliren nur die rechte und echte ist. Vereinigen sich z. B. in einer grösseren Stadt sämmtliche Gewerbe zu Einer Association, so können fast schon in Jahresfrist alle nöthigen Vereinsbauten ohne wesentliche directe Kosten vollendet sein, wenn die Commune den Bauplatz gratis dazu hergiebt — was sie um so eher vermag als die Association sie von einer Menge früher auf sie allein angewiesener Armen für immer befreit — und wenn ferner jedes Gewerbe die Ausführung der ihm entsprechenden Arbeiten gratis übernimmt. Nicht einmal die gewöhnliche Zeit des Verdienstes brauchte preisgegeben oder verkürzt zu werden, wofern jedes Gewerbe nur einige Stunden des Sonntags der Arbeit für die Vereinsbauten zu widmen bereit wäre.

Und wie könnte in der That, ausser der Kirchzeit, der Sonntag heiliger verwandt und gottgefälliger gefeiert werden? Man denke sich nur das rege Leben, die Geschäftigkeit, das Bild des brüderlichen Wirkens, des gemeinsamen Schaffens! Wie da Alles hinauswallfahrtet zu den Thoren, hin nach dem Vereinsplatze, wo in grossartigen Umrissen die Gesammtbauten der Genossenschaft aus dem Schoosse der Erde emporwachsen! Viele Hunderte von Arbeitern wimmeln betriebsam durch einander, ohne einander zu stören! Viele Tausende von Zuschauern erheben sich an dem grossen gottgefälligen Schauspiel der Arbeit und der Liebe! die Meister, die Gesellen, die Lehrlinge — alle legen rüstig Hand an. Dort wird gemauert, hier gezimmert; dort stecken die Gärtner die Baumalleen und Rasenplätze ab, hier führen die Tischler und die Schlosser ihre Werkstücke heran. Schon errichten in den vorgeschrittenen Theilen die Töpfer die schlichten Oefen welche die Armen und Kranken, die Alten und Schwachen auch ihres Berufes einst erwärmen sollen. Schon erklimmen die Dachdecker den Dachstuhl; sie dünken sich wohl dem Himmel am nächsten, indem sie, Ziegel an Ziegel fügend, der gemeinsamen Stätte der Arbeit und der Ruhe den letzten menschlichen Schutz verleihen und den ewigen göttlichen erflehen. Es ist kein einziges Gewerbe, keine einzige Handthierung die nicht vermöchte, ein Scherflein ihrer Kraft und Zeit, ihrer Kunst und Mühe beizusteuern, — und keine einzige die dies nicht freudig, uneigennützig und wetteifernd thäte. Den Schiffern die da Steine und Holz heranführen, den Stellmachern welche die Transportwagen der Anstalt erbauen, den Klempnern und Schmieden, den Webern und Raschmachern, den Riemern und Gürtlern, den Glasern und den Steinsetzern — kurz allen, allen wird ein Stück der Arbeit zu Theil.

Und steht endlich nun das grosse Werk vollendet da, ist wie mit Zauberkräften der Traum in die Wirklichkeit versetzt worden: wie feierlich wird dann der schöne Tag der Weihe sein, der Tag des Triumphes, wo ihr eure Armen und Schwachen, eure Greise und Kranken jauchzend oder betend hinausführt in die Asyle der gemeinsamen Ruhe und in die Werkstätten der gemeinsamen Arbeit!

Das fürwahr sind die herrlichsten Dome welche die Erde errichten kann, die echten Dome der Menschheit und des heiligen Geistes, die Dome der Liebe die hineinragen in die Wolken des Himmels, und auf die allein der wahrhafte Thau des göttlichen Segens in alle Ewigkeit herniederträuft.

Also wirket, und ihr schaffet den Himmel auf Erden!

Doch allerdings werden wir eingestehen müssen, dass es auch bedeutender pecuniärer Mittel bedarf, um alle die Triebfedern in Bewegung zu setzen, durch deren organisches Zusammenwirken allein den Vereinen und Associationen ein erfolgreiches Dasein und eine dauernde Zukunft, sowie den arbeitenden Klassen eine thatsächliche Wohlfahrt verbürgt werden kann. Ueberhaupt halte man sich von moralischen Träumen fern; was zunächst Noth thut, ist durchaus die Begründung des materiellen oder wirthschaftlichen Wohles, ohne welche der sittliche Fortschritt nur ein frommer Wunsch bleiben würde, dessen einseitige Bethätigung sogar statt der beabsichtigten Folgen gradezu die entgegengesetzten, die schädlichsten hervorzurufen im Stande wäre. Wie nun aber sind

B. diese pecuniären Mittel zu beschaffen? — Jede Association muss einen allgemeinen Kassenverband repräsentiren, dessen Fonds je nach der Zahl der Unternehmungen oder der sachlichen Institute in ebenso viele Kassen zu gliedern, und je nach den Erfordernissen der ersteren in entsprechender Weise auf die letzteren zu repartiren sind. Die Zuflüsse zu diesen Fonds erwachsen nun

1) aus den regelmässigen wöchentlichen, von dem Lohn abzuziehenden Beiträgen der in die Association zu wechselseitiger Unterstützung und somit in den allgemeinen Kassenverband eintretenden Arbeiter. Die Analogien und zugleich die Anknüpfungspunkte dafür gewähren die bei den zünftigen Gewerken, manchen freien Gewerben und vielen einzelnen Fabriken längst bestehenden Einrichtungen der Art, die aber schon deshalb nicht als zureichend sich bewähren konnten, weil jede Isolirung die allgemeine That- und Lebenskraft zersplittert, mithin die Wirkungen derselben beschränkt und verkürzt. — Die Höhe dieser Beiträge wird bei den verschiedenen Arbeiterklassen meist verschieden zu normiren sein, jedenfalls aber innerhalb einer jeden auf einen festen Satz zurückgeführt werden müssen.

2) Aus den regelmässigen wöchentlichen Zuschüssen der Arbeitgeber, der Meister, Fabrik-, Dienst- oder Gutsherren, von beliebiger, nur durch ein Minimum zu begrenzender Höhe.

3) Aus den freiwilligen Beisteuern derjenigen Menschenfreunde aller Stände und aller Orten, welche der Association als ausserordentliche oder als Ehrenmitglieder beitreten wollen. Diese Mitgliedschaft wird durch ein einmaliges grösseres Geschenk oder durch einen jährlichen kleineren Beitrag erworben. Hier eröffnet sich also der schönste Wirkungskreis für diejenigen, denen das Wohl der arbeitenden Klassen, ohne dass sie selbst ihnen angehören, wahrhaft am Herzen liegt, — das schönste Ziel der nie ganz zu entbehrenden Wohlthätigkeit. Und gewiss, je umfassender sich die Zwecke und demnach die pecuniären Bedürfnisse der Associationen gestalten, um so willkommener wird ihnen auch die Mitwirkung ausserordentlicher, aus ihrem Ueberfluss freudig beisteuernder Mitglieder sein.

4) Aus etwaigen grösseren oder kleineren Vermächtnissen.

5) Aus regelmässig fortlaufenden Wochenrenten, mittelst Auslegung von Eintragebüchern an möglichst vielen und passenden Orten. In grösseren Städten müssten dieselben in allen Bezirken bereit liegen. Die geeignetsten Stationen, wenigstens während der Sommerzeit, dürften die Locale der Thoreinnehmer sein; denn der Zweck der Wochenrenten ist der, zur Annahme von Spenden, die durch einen zufälligen Anlass oder durch eine augenblickliche Anregung bedingt werden, eine bequeme Gelegenheit darzubieten. Und wie mancher unter den Spaziergängern, die von Genüssen heimkehren oder zu ihnen sich wenden, Hoch und Niedrig, Jung und Alt, Mann und Weib, würden die handliche Gelegenheit gern benutzen, um ein Extra-Scherflein, gross oder klein, dem gemeinsamen Werke zufliessen zu lassen. Man scheue den Anschein eines zu dreisten Hervortretens materieller Wünsche nicht; denn hier handelt es sich nirgend um Zwang, sondern überall um freie Entschlüsse. Ebenso wenig scheue man den Anstrich einer allzu grossen Oeffentlichkeit; denn leicht kann die Gabe und der Geber dem Auge sich entziehen, und überdies werden andere Dinge nicht minder öffentlich getrieben, durch die man sich fürwahr eher prostituirt, als durch Sympathien für das Gemeinwohl.

6) Aus zeitweiligen Zuschüssen der Armenverwaltungen, in eben dem Masse als durch Verbreitung des Associationswesens, und in Folge dessen durch Abnahme der Hülfesuchenden, ihr eigenes Bedürfniss an pecuniären Mitteln sich vermindert.

7) Ebenso würde bei dringenderen Anlässen auch der Staat zu Beisteuern heranzuziehen sein und sich sicher ihrer nicht erwehren.

8) Endlich könnte die positive Gesetzgebung durch eine wesentliche Erhöhung der Erbschaftssteuer für die Begründung des Wohles der ärmeren Klassen eine gewiss ebenso gerechte und naturgemässe als ergiebige und unversiegbare Quelle eröffnen; die Steuersätze müssten, wie es die Billigkeit heischt, im Verhältniss zur Grösse der Erbschaft in steigender Progression geregelt sein.

Die pecuniären Quellen der Associationen werden um so befruchtender wirken, je mässiger man bei der Bildung eiserner Fonds zu Werke geht. Heutzutage ist die Lust daran zu einer wahrhaften Manie geworden. Wir sind nicht gradezu dagegen. Mag man, wenn die Quellen so überaus reichlich fliessen, immerhin eiserne Fonds gründen, zinsbare Capitalien sammeln. Allein der beste eiserne Fond, den wir als Erbschaft unsern Nachkommen zu hinterlassen haben, ist die nimmersatte Nächstenliebe; hoffen wir dass sie damit wuchern werden, und — so Gott will — besser wuchern als wir.

Denn manchmal allerdings will es uns doch bedünken, als wäre der Liebesrausch der Gegenwart ein blosser Champagnerrausch, der Feuereifer nur ein blinder Feuerlärm, und als würde einmal wieder der Berg eine Maus gebären. Freilich an Aufklärung fehlt es uns nicht; ist sie doch in den jüngsten Tagen so gewaltig vorgeschritten, dass selbst die Engherzigsten unter den Reichen, von ihr angesteckt, in ihren Grundsätzen zu wanken beginnen und an ihre eigene Aufklärung glauben. Ich sage — glauben; denn was ist es im Grunde mehr! Sie schwatzen von Noth und kennen doch ihre Wucht nicht aus eigener Erfahrung. Sie unterhalten sich von dem Schweisse der Armuth und schlürfen dabei gemächlich den Saft der Reben. Sie bedauern das Elend von Hunderten die am Ofen erfrieren, und heizen doch menschenleere Räume, wo Hunderte der Wärme geniessen könnten, zu ihrer alleinigen Behaglichkeit. Sie vernehmen die Klagen derer die Monate lang vergeblich um Brod schreien, und vergeuden für den Genuss eines Augenblicks Summen, die einer zahlreichen Familie auf Monate hin zur Fristung des Lebens gereichen würden. Sie zögern für den Dürftigen einen Groschen herzugeben, und zahlen wohl hinterher für ein Theaterbillet freudig etliche Friedrichsd'or. Ja, sie sind aufgeklärt! Sie spielen die Sehenden, aber ihre Augen sind Verkleinerungsgläser. Sie wollen helfen und halten die Taschen zu. Sie wollen die Grossmüthigen scheinen und lüften die Börse kaum. Ihnen ward mit Scheffeln gemessen und sie selbst bedienen sich der Fingerhüte. Sie möchten bei der Nachwelt Unsterblichkeit erlangen und sie beginnen damit die Mitwelt zu belehren, dass ihre Sterblichkeit für sie allein ein Unglück ist. Ja, sie sind aufgeklärt! Sie affectiren Mitleid und verdienen es doch selbst im höchsten Masse. Denn wahrlich sie sind ärmer als die Aermsten unter den Armen: sie säen weder, noch erndten sie Liebe. Doch sie sind aufgeklärt; denn sie g l a u b e n es ja.

Als Trajan vom Throne herab die hochherzige Idee anregte, für Kinder hülfsbedürftiger Eltern eine grossartige Alimentenanstalt zu begründen, die sich über ganz Italien verzweigte: da folgten die Grossen und Reichen freudig dem erhabenen Vorbild, da brachte Plinius der Jüngere ohne sich lange zu besinnen einen grossen Theil seines Vermögens, über 26,000 Thlr. auf dem Altar der Nächstenliebe dar. Als in Berlin die öffentlichen Anstalten der Mildthätigkeit nicht mehr ausreichten: da gründete Hollmann auf eigene Kosten die Wilhelminen-Amalienstiftung für Frauen. Aber wie selten sind in unseren Tagen solche Bethätigungen echter Menschenliebe, so freigebige Spenden von Seiten der Reichen! Als die Listen des Localvereins in Berlin circulirten, da unterzeichneten die Bewohner eines Hauses (in der .... strasse No. — und —), die ein Capital von 2—300,000 Thlr. repräsentiren, in Summa 2 Thlr. Und doch gehört dies Ergebniss der Theilnahme vielleicht verhältnissmässig noch zu den günstigeren.

Nirgend also scheint der thörichte Wahn, dass man auch ohne materielle Hülfe der sittlichen und geistigen Verwahrlosung der unteren Volksklassen steuern könne, weiter verbreitet zu sein als grade unter den Reichen; doch eben deshalb liegt auch die Vermuthung nahe, dass dieser Wahn meist nur ein absichtlicher Versteck ängstlicher Selbstsucht sei. Wir aber müssen immer und immer wieder auf den Wahlspruch zurückkommen: erst Brod und dann Tugend! Wer bei der Kur unserer socialen Krankheit nicht von dem Leibe aus allmählig aufwärts gegen Herz und Kopf operirt, sondern den u m gekehrten Weg einschlägt, der fängt es in der That v e r k e h r t an. Denn das Wohlbefinden des Magens hat wohl Einfluss auf die Gesundheit des Gemüthes und Geistes, Geist und Gemüth aber sind die wunderlichste Medicin gegen Magenübel. Fürwahr, es wäre zu wünschen, dass jeder Mensch, auch der reichste und vornehmste, einen Theil seines Lebens unter den drückendsten financiellen Sorgen, unter dem trostlosesten Nahrungskummer hinzubringen verurtheilt wäre; dann würde jener thörichte Wahn verschwinden, dann würde man allgemein einsehen, wie sehr die Sittlichkeit vom wirthschaftlichen Wohle abhängt, wie leicht in den Bankerutt des Leibes auch Herz und Kopf verwickelt werden, wie nothwendig der Charakter, das Temperament, die Menschenliebe, die Tugend und überhaupt jegliche bessere Anlage des Menschen auf den unabsehbaren Irrgängen der Nahrungssorgen in Versuchung geführt, häufig erschüttert und untergraben werden muss, ja wie ein solcher Lebensprocess, wenn er auch die eine oder die andere starke Natur noch mehr zu läutern vermag, doch in den meisten Fällen nur eine Teufelsdestillation der Hölle ist. Freilich brauchte es nicht so zu sein, aber es ist nun einmal so. Darum muss auf den Leib hin und von ihm aus curirt werden, und darum bedarf es bedeutender materieller Hebel; denn Grosses ist nicht mit kleinen Mitteln zu erringen.

Mögen also die Reichen, und namentlich die grossen Industriellen und Capitalisten, nicht zögern und knausern. Mögen sie vielmehr mit Plinius und Hollmann wetteifern, ehe denn der Drang der Zeit in Pflicht und Zwang verwandelt, was heut noch als Gnade und Wohlthat erscheint. Möge jeder sich freiwillig zehnten, lieber etwas opfern als Alles aufs Spiel setzen. Möge aber auch nicht nur der Reiche und Wohlhabende, sondern auch der Mittellose eifrigst beisteuern; denn wer nur grade genug hat um seinem Stande gemäss zu leben, selbst der noch hat zu viel, so lange es Einen unter uns giebt der nichts hat, oder weniger als er bedarf. Wessen der Mittellose sich selbst beraubt zu Anderer Frommen, daraus wird doppelter Segen erwachsen; denn solch ein Raub ist kein Verbrechen, sondern eine zwiefache Tugend.

Unsere Zeit ist eine gar weise, aber eine faule Zeit. Sie erkennt die Uebel, aber sie hebt sie nicht; sie anatomirt das Unkraut, aber sie jätet es nicht aus. Hüten wir uns, dass unsere späteren Nachkommen uns nicht das faule Geschlecht heissen, das nicht der Nachwelt, sondern nur seiner selbst gedacht, und dessen Faulheit um so strafbarer gewesen, je reifer sich dessen Erkenntniss gezeigt! Hüten wir uns, dass nicht die Zeit der Gracchen, über kurz oder lang, nicht mit ihren Forderungen allein, sondern auch mit ihren Folgen wieder kehre! Beugen wir zeitig dieser Gefahr vor, indem wir einen Tempel des Friedens und der Eintracht gründen, eine Pflanzung der Liebe säen, die einst das ganze Vaterland schützend überrage und überschatte! Scheuen wir aber auch die Opfer und Drangsale des ersten Schaffens nicht; denn keine Geburt ist ohne Wehen.

Dass nicht schon längst etwas Durchgreifendes von Seiten der höheren Stände gegen die socialen Gebrechen, gegen den Nothstand der unteren Volksklassen unternommen ward, daran ist zum grossen Theil, wo nicht zum grössten, unsere bisherige Erziehung Schuld, deren Streben noch immer viel zu sehr auf das Aeusserliche und Eitle, auf allerhand Tand und Flitterstaat gerichtet ist, statt die Ausbildung des Menschlichen im Menschen als alleiniges leitendes Princip anzuerkennen. Freilich auch unsere Erziehung steht in dem Wahne, sie sei aufgeklärt. Die massloseste Concurrenz und Rivalität hat auf dem Gebiet der sogenannten Bildung fast alle Stände mehr oder minder ergriffen. Man horche nur hin wie die Kindlein alles lernen, alles wissen sollen! Doch was sie nicht lernen und nicht wissen, das grade ist das Unentbehrlichste von Allem. Man schaue hinein in die Paläste der Vornehmen, in die Häuser der Reichen, in die Wohnungen jener unzähligen Familien die da vornehmer, reicher und eben gebildeter scheinen möchten als sie sind! Welch ein Schauspiel der Erziehung! In der That eine wahre Treibjagd der Aufklärung! Das jugendliche Wild von allen Seiten so lange gehetzt, bis es die frische Natürlichkeit, die lebendigen Regungen des unmittelbaren Gefühles gegen ein nüchternes Wissen, gegen einen todten Gedächtnisskram ausgetauscht! Da plappert dann wohl das eingeschulte Püppchen in fremder Sprache gar zierliche Phrasen mechanisch her, und Mütterchen freut sich wie der

Engel doch ein so lieber und ganzer Engel sei; was aber vom Herzen stammt und zum Herzen geht, davon lernt und weiss das arme Kindlein nichts. Vom fernen Paris und London, von Rom und St. Petersburg, von ihrer Pracht und dem Luxus ihrer Bewohner, weiss es zu schnacken dass es zum Entzücken ist; doch dass in nächster Nachbarschaft etwa ein Elender auf ärmlichem Strohlager verlassen mit dem Tode ringt oder verzweiflungsvoll die Nächte durchwacht um am Tage sich die Zeit mit Hungern zu vertreiben, dass er vergeblich sich die Füsse abläuft um durch redliche Arbeit sich und seiner Familie ein kümmerliches Leben zu fristen, davon hört und weiss das Püppchen nichts. Wie viele Siege Alexander oder Friedrich der Grosse gewonnen, welche Kriege die Herrschsucht der Fürsten und der Hass der Völker erzeugt, das weiss es am Schnürchen herzuzählen als ob es von gestern oder von heute wäre; dass aber nicht Krieg noch Zwietracht, sondern Duldung und Liebe der höchste Beruf der ganzen Menschheit und aller Einzelnen ist, und dass vor allem die Gegenwart bedacht sein sollte, diese Mission nach Kräften allseitig zu vollziehen, davon lernt und weiss das arme Kindlein nichts. O gewiss ist die Rivalität in der geistigen Bildung an sich kein Uebel, ginge sie nur nicht so weit dass die Unschuld des Herzens, die Tiefe des Gefühls und die sittliche Natur des Kindes ihr ganz oder theilweise zum Opfer fielen. So aber laufen wir Gefahr, Generationen zu erziehen, die nicht besser sind oder noch schlechter als wir. Denn statt durch die Kunst der Erziehung nur der seelenvollen Natur veredelnd nachzuhelfen, missbrauchen wir sie vielmehr, um daraus seelenlose Kunstfiguren zu drechseln, die dann nothwendig in allem Grossen und Edlen ebenso grosse Stümper und Pfuscher bleiben, wie wir selbst es sind. Wahrlich, es ist hohe Zeit dass wir uns ermannen uud unsern Kindern eine Erziehung angedeihen lassen, die zugleich nationalere und humanere Früchte trägt.

Betrachten wir schliesslich

C. die organischen Mittel oder die Verwaltungsformen, deren sich die Associationen zu bedienen haben, um allen ihren Zwecken zu entsprechen.

Der Centralverein für Preussen, dessen Statuten und Ansprachen überhaupt einen ungemein richtigen Blick in die Lage der Dinge beurkunden, hat mit Recht den Localvereinen „die thätige Mitwirkung auch solcher Personen aus den arbeitenden Klassen, welche nicht Mitglieder des Vereins sind, bei Verwaltung der Einrichtungen desselben" als obersten Gesichtspunkt dringend empfohlen, und grade in ihr dasjenige Moment anerkannt, wodurch die erstrebten Einrichtungen „in ihrem ganzen Grunde" von der blossen Armenpflege sich wesentlich unterscheiden müssten.

Betrachteten wir nun die Bildung von Associationen zu gegenseitiger Unterstützung als die vornehmste, wo nicht als die einzige Aufgabe der Provinzial-, Bezirks- und Localvereine, weil alle übrigen Einrichtungen am leichtesten an diese Associationen, als Selbstschöpfungen derselben, sich würden anlehnen können: so muss für sie vor allem die Theilnahme der Arbeiter an der Verwaltung als leitender Grundsatz beansprucht werden. Diese Theilnahme findet schon jetzt bei gewerblichen Kassenverbänden statt, ja die Verwaltung liegt nicht selten ausschliesslich in den Händen der Arbeiter, wie namentlich auch bei manchen freien Gewerben. So stehen z. B. in Berlin die Schriftsetzer und Buchdrucker, etwa 600 an der Zahl, in einem Verbande zu gegenseitiger Unterstützung mit einer Kranken- und Invalidenkasse, wozu jedes Mitglied einen Beitrag von durchschnittlich 7½—10 Sgr. wöchentlich leistet, und unter eigener Verwaltung, bestehend aus 1 Rendanten und 2 Beisitzern, welche jährlich durch die Mitglieder des Verbandes gewählt werden. Doch alles dies sind blosse Keime, die, wie die Idee der Association selbst umfassender ist, so auch in umfassenderer Weise entwickelt werden müssen, weil sie ohnedies ihre Bestimmung nur in einzelnen Beziehungen und auch da nicht einmal, wie die Thatsachen lehren, genügend erfüllen können. So ist es bei dem eben gedachten Verbande zunächst ein Uebelstand, dass der Beitrag nicht fixirt werden kann, sondern je nach dem Bedürfniss gestellt werden muss; dann dass er für verschiedene Fälle der Hülfsbedürftigkeit, namentlich für Brodlose, keine Unterstützung zu gewähren vermag, da seine Mittel hierzu nicht ausreichen; und endlich sind auch die Subventionen für die Invaliden ganz unzureichend, weil sie, anfangs zu 8 Thalern monatlich festgestellt, allmählig aus demselben Grunde auf die Hälfte dieses Satzes reducirt werden mussten. Man sieht, dass die Selbsthülfe allein allerdings nimmermehr ausreicht, sondern sich vielmehr nach dem weiteren Begriffe der Association mit den Kräften sämmtlicher Arbeitgeber und möglichst vieler Geschenkgeber oder Ehrenmitglieder aus allen Ständen verschmelzen muss um nachhaltig wirken zu können. Wozu wäre auch sonst überhaupt von Noth die Rede, wozu bedürfte es der Vereine für das Wohl der arbeitenden Klassen, wenn es nicht eben auf eine solche Verschmelzung aller Kräfte, oder der Selbsthülfe und der Nächstenliebe, ankäme! Tritt nun aber die Association in dieser einzig erfolgreichen und daher einzig zu erstrebenden Form auf, so muss auch die Verwaltung ihrer Institutionen danach in entsprechender Weise organisirt werden, und weder dem communistischen Principe der Selbsthülfe noch dem patriarchalischen der Wohlthäterei einseitig huldigen.

Demgemäss ist der Verwaltungsrath jeder Association, die durch die Vereine für das Wohl der arbeitenden Klassen ins Leben gerufen wird, aus folgenden Bestandtheilen zusammenzusetzen: 1) einem Ausschuss der Arbeiter, gewählt durch deren Gesammtheit. 2) einem Ausschuss der Arbeitgeber, ebenfalls durch die Gesammtheit derselben gewählt. 3) einem Ausschuss der beisteuernden Ehrenmitglieder, etwa zur einen Hälfte durch die Arbeiter, zur andern durch die Arbeitgeber gewählt. 4) einer Deputation des Vorstandes desjenigen Provincial-, Bezirks- oder Localvereines, von welchem die Bildung der Association ausgegangen und die Förderung ihrer Interessen unausgesetzt zu erwarten ist. — Ein vollständiges Analogon dieser Zusammensetzung bildet der Verwaltungsrath der Association der Fabrikarbeiter in Nantes, nur macht den vierten Bestandtheil in demselben eine Deputation der dortigen Industriegesellschaft aus, welche wesentlich in demselben Verhältnisse zur Association steht, wie dies bei uns mit den Localvereinen der Fall sein würde. In ganz ähnlicher Weise ist auch der Verwaltungsrath der Association der Kohlenarbeiter in Belgien organisirt. Doch verweise ich hinsichtlich des Näheren hierüber vorläufig auf einen Aufsatz über Socialismus und Communismus vom Professor Roscher in Göttingen, welcher demnächst in meiner Zeitschrift für Geschichtswissenschaft zum Abdruck gelangen wird. Es genügt hier zu wiederholen, dass grade diese beiden Associationen sich als die nachahmungswürdigsten Vorbilder hinlänglich bewährt haben.

Der Verwaltungsrath hat die Gesammtinteressen der Association zu vertreten, ihm steht die oberste Leitung aller ihrer Einrichtungen und des Kassenwesens zu. Wird ihm nicht zugleich auch die richterliche oder polizeiliche Befugniss übertragen, so steht neben ihm als unabhängige Behörde das Institut der Werkrichter, welche am zweckgemässesten zu gleichen Theilen durch die Gesammtheiten der Arbeiter und der Arbeitgeber gewählt werden.

In besonderen Fällen, welche durch die Statuten der Association näher zu bezeichnen wären, könnten besondere Commissionen oder erweiterte Ausschüsse zur Berathung oder Entscheidung berufen werden. Uebrigens müsste die thätige Mitwirkung der Arbeiter selbst sich nicht nur auf die Centralverwaltung der Association, sondern auch auf die Specialverwaltung der einzelnen Institute, und nicht nur eventualiter auf die allgemeine polizeiliche Controlle, sondern auch auf die Specialbeaufsichtigung erstrecken. Diese muss eine wechselseitige Beaufsichtigung der Associirten unter einander sein, zu welchem Behufe eine Gliederung derselben in grössere und kleinere Abtheilungen zu empfehlen wäre, ähnlich wie sie in Nantes und, freilich auf anderer Grundlage, auch in Ostwald statt findet.

Ich stehe nun am Ziele meines Vorhabens. Nach allem bis hieher Erörterten würden die Central-, Provinzial-, Bezirks- und Localvereine sehr wohlthun, wenn sie eben vorzugsweise die Bildung von Associationen zu gegenseitiger Unterstützung, und im Uebrigen von vornherein nicht sowohl die Ausführung im Einzelnen als die Leitung im Allgemeinen sich zur Aufgabe stellten. Sie müssen nur gleichsam der Ueberbau, das Gewölbe sein, unter dessen Schutz und Schirm sich die mannigfaltig vorhandenen und neu zu erzielenden Keime des Guten zu allseitig schwunghaftem Gedeihen aus sich heraus zu entwickeln haben. Sie müssen sich als die grosse allgemeine Triebkraft darstellen, welche die Verbindungen der Gewerbsgenossen, der Fabrikarbeiter, der Gesinde, Tagelöhner und Feldarbeiter unter sich, sowie die Vergesellschaftung Aller mit einander, durch unablässige Impulse allmählig in Fluss bringt und in ewiger rastloser Bewegung erhält. Jede dieser genossenschaftlichen Verbindungen wird dann sowohl ihre allgemeinen Interessen und Bedürfnisse wie die persönlichen ihrer einzelnen Mitglieder am besten zu überschauen und zu würdigen im Stande sein, ohne darum des anregenden Beirathes und der thätigen Mitwirkung der Localvereine sich je zu entschlagen. Und namentlich wird, so weit und so lange ihre eigenen pecuniären Kräfte nicht dazu ausreichen, die unmittelbare Veranlassung, Ausführung und Unterhaltung solcher Institute von Seiten der Localvereine, welche Allen gemeinsame zumal sittliche und geistige Zwecke zu fördern geeignet sind, auf allgemeine Anerkennung rechnen können, — wiewohl wir es nach wie vor grade als einen der wesentlichsten Hebel der Sittlichkeit betrachten müssen, dass möglichst viele und mannigfaltige Schöpfungen aus dem Schoosse der Associationen selbst, wenn auch unter Anderer Beihülfe, hervorgehen. Der Bildung solcher Verbindungen steht in Preussen, zufolge der neuen Allgemeinen Gewerbeordnung vom 17ten Januar d. J., gesetzlich nichts im Wege. Warum sollte man also nicht vor allem zu ihrer Organisation in dem angedeuteten Sinne und Umfange schreiten wollen, da ja von ihnen allein in mehr als „vorübergehender" Weise eine Abhülfe und Abwehr des Nothstandes, ja die Begründung eines dauernden Wohles zu erwarten steht.

Voraussichtliche Wirkungen.

Denn vergegenwärtigen wir uns vorurtheilsfrei die Folgen, welche die concentrirte Anwendung der von uns vorgeschlagenen, nicht neuen aber bisher nur vereinzelt angewandten Mittel, auf den gesellschaftlichen Körper hervorbringen würde: können es andere als glückliche sein?

Wenn Arbeit und Genuss Allen gegeben, wenn ein gerechtes Mass derselben Jedem zu Theil geworden: dann werden von selbst die Almosenvertheilungen, mehr und mehr an Terrain verlierend, — das schönste Ziel unsers Strebens — zuletzt ebenso überflüssig werden, als sie jetzt nothwendig und doch schädlich sind. Und in der That, das ist es ja auch allein was die unteren Klassen selbst begehren! Die Arbeiter in den Zuckerfabriken von Gent sprachen dies vor Kurzem deutlich in den Worten ihrer Petition aus: „Wir verlangen keine Almosen, sondern Gerechtigkeit und Arbeit."

Wenn wir der Mahnung der Zeit Gehör geben, wenn wir das Band der Verbrüderung und wechselseitiger Assecuranz immer enger um die verschiedenen Lebenskreise des gemeinsamen Staates schlingen, wenn wir überall die Liebe, überall die Einsicht erwecken, wenn wir in uns und in Anderen den Menschen zu dem erziehen was er sein soll, — zum ganzen, vollen Menschen nach Körper, Geist und Gemüth: dann werden auch von selbst die ausschweifenden unnatürlichen Theorien verschwinden und ersterben; dann werden wir keiner Organisation der Arbeit im revolutionären Sinne des Wortes, keines communistischen Socialismus, keiner ganzen oder halben Gütergemeinschaft bedürfen; dann wird die Sittlichkeit erstarken und wachsen, die Weibergemeinschaft als ein ebenso frivoles wie überflüssiges Mittel überall verpönt werden, und statt ihrer vielmehr die Häuslichkeit und das

Familienglück in steigendem Masse emporblühn; dann werden auch die Reihen der öffentlichen Dirnen von selbst zusammenschmelzen und nur aus dem Spiegel der Vergangenheit noch die ironische Thatsache uns beschämen, dass wir, gleich wie einst die Egypter den Diebstahl um das Eigenthum zu schützen, so jetzt in schmachvollem sittlichen Wahne die Unzucht concessioniren, um — wie man vorgiebt — die Gesundheit oder die Tugend zu wahren.

Und endlich, wodurch wäre die Sicherung des Bestehenden — natürlich soweit es eben nicht vom Uebel, sondern gut und gesund ist — besser zu erreichen, als durch die Mittel die am sichersten und besten den leiblichen, sittlichen und geistigen Wohlstand der Völker anbahnen? Denn mit dem leiblichen Wohlstande wächst die Zufriedenheit und die Friedsamkeit, mit dem sittlichen die gegenseitige Duldung und Liebe, mit dem geistigen Gesinnung und Charakter, — lauter Eigenschaften die eine glückliche einheitsvolle Entwicklung der irdischen Angelegenheiten verbürgen, die aber leider im Menschengeschlechte noch keine feste Wurzeln schlugen, und deren Mangel allüberall die Klippe ist, an der so oft die Ausführung des Guten, Edlen und Grossen scheitert. Wären sie erst in blühender Fülle vorhanden: man würde nicht mehr so leicht an der Gesammtheit wie an dem Einzelnen verzweifeln; man würde getrost, jeder in seinem Lebenskreise, wirkend und schaffend der Zukunft entgegenblicken; man würde aber auch von oben wie von unten her endlich jenes verderblichen Misstrauens sich entschlagen, das aller freien Entwicklung, alles höheren Strebens ärgster Feind, und aller Zwietracht, aller leidenschaftlichen Erbitterung einziger Gebärer ist; man würde nicht mehr im Voraus kleinmüthig an dem Gelingen einer guten Sache, an dem Gedeihen einer neuen Saat verzagen, oder wohl gar um desswillen ihm unnatürliche Hemmungen in den Weg zu legen bedacht sein.

Wir träumen nicht von makellosen Paradiesen, von ewigen Tugend- und Jugendreichen. Doch, sind wir nur erst dahin gekommen dass wir wissen was wir wollen, werden nur erst jene Wirkungen mit freudiger Hingebung von allen Seiten erzielt: dann mögen wir auch unbesorgt sein, dann werden wir das Gewollte auch können, das Erzielte erreichen; denn dann wird auch in alle Wege der Segen Gottes mit uns sein. Ja dann erst überhaupt, wenn wir sind was wir sein sollen — Menschen im vollen Sinne des Worts —, dann erst kann der rechte Sinn in uns aufgehen, um in allgemeinster und unmittelbarster Offenbarung zu erkennen was Gott sei; dann erst kann die Summe der auseinandergesprengten und widerstreitenden Glaubensmeinungen, gleich den sittlichen Trieben, in einen einzigen Brennpunkt zusammenstreben, und auf dem Altare der bewussten Liebe demgemäss eine Flamme sich entzünden, welche zugleich den Himmel beleuchtet und die Erde durchwärmt.

Schluss.

Lassen wir uns denn bei der Nachwelt den Ruhm nicht entgehen, dass unsere Zeit es war, welche der Menschheit einen neuen, wenn auch nicht glänzenderen, doch würdigeren Abschnitt ihres Daseins bereitet; dass wir es waren, die grossen langwuchernden Zwiespalt in Eintracht verwandelt. Allwärts schreite man rüstig, ernst und entschlossen, zu der Bildung von Vereinen, welche auf dauernder Grundlage das Wohl der Gesellschaft zu fördern im Stande sind. Ueberall möge Sinn und Kraft der Völker sich ermannen, insbesondere in allen deutschen Ländern, zu der grossen einmüthigen That. Ueberall mögen die Regierungen, wie auch die ständischen und städtischen Vertreter des Volkes, der Sache der Menschheit thätig sich annehmen Ueberall möge in jeglichem Hausstande, in jeder Familie und jedem Einzelnen der Drang sich regen, Theil zu haben an dem Werke, das uns Allen helfen soll; denn indem wir Anderen helfen, helfen wir zugleich uns selbst. Kein Staat und kein Stamm, kein Stand und kein einziger Bürger unsers Vaterlandes bleibe zurück. Denn wie auch jetzt noch unsere Richtungen im politischen oder im religiösen Leben und Trachten auseinandergehen mögen: auf dem socialen Gebiete dürfen wir uns trotzdem brüderlich die Hand reichen. Ist es doch Ein Ziel das wir Alle wollen! Oder wäre wirklich auch nur Einer unter uns, der ernstlich seines Nächsten Wohl nicht will? — Steht aber das allgemeine Ziel nur fest: dann möge man sich immerhin über die einzelnen Mittel streiten; denn solch ein Streit ist kein Krieg, sondern Wetteifer der Liebe. Nur tändle man nicht mit blossen Formen, sondern man handle, man gehe grades Weges auf die Sache, auf das Bedürfniss los. — Die in allen Dingen so wünschenswerthe Einheit lässt sich eher bewahren als wiederherstellen; deshalb möge die Organisation der Vereine möglichst von dem Mittelpunkte der Staaten ausgehen und von da aus allmählich sich über das ganze Land verbreiten. Ueberall aber im Lande, in jeder Provinz, in jedem Kreise, an jedem Orte knüpfe man soweit als irgend rathsam an die schon vorhandenen Institute an.*) Auch ergreife man nicht alles auf einmal, damit nicht jegliches verfehlt werde, sondern behutsam fange man in einer Sphäre und mit dem Nothwendigsten an; dann aber dehne man in dem Masse als die Kräfte wachsen, die Wirksamkeit immer weiter und weiter aus, reihe allmählig Masche an Masche, bis zuletzt alle sporadisch bestehenden Institute verwandter Natur, wozu wir auch die Bürgerrettungsinstitute, die Krankenvereine, die Vereine für die Besserung der Strafgefangenen u. a. rechnen, mit denen der Wohlfahrtsvereine zu einem allumfassenden Netze sich gliedern, zu einer harmonischen und deshalb um so nachdrücklicheren Einheit mit ihnen verschmelzen.

Zahllose Leiden und Uebel wuchern auf Erden, zahllose Kräfte sind vonnöthen sie zu tilgen. Ob nun daher die Wirksamkeit der in der Bildung begriffenen Vereine für das Wohl der arbeitenden Klassen wieder nur einem Tropfen im Meere gleichen werde, oder einem wohlthätigen Strome, der ewig-

*) Wie dies denn auch der Potsdamer Localverein verständigerweise als obersten Grundsatz seiner künftigen Massnahmen aussprach.

fliessend alle jene zahllosen Gebrechen der menschlichen Gesellschaft allgemach und gründlich hinwegspüle, und alle Glieder des socialen Körpers heilend, stärkend und belebend durchrinne: wovon anders hängt zunächst dies ab, als von der Theilnahme der Menschen selber, und vor allem von dem Eifer derer, die mehr haben als man zum Leben bedarf. Denn sie vor allem sind berufen die Nächstenliebe zu bethätigen, ohne welche weder die „physischen und moralischen Leiden" der Einzelnen gelindert, noch überhaupt die „Wunden" der Zeit geheilt und das „Wohl" der arbeitenden Klassen wie der Gesammtheit gefördert werden kann. —

Doch freudigen Muthes wollen wir in die Zukunft schauen! Das begonnene Werk, besiegelt durch die Auspicien eines erhabenen hochgesinnten Königs, getragen durch die edlen Hoffnungen vieler Tausende, und verwebt mit den gerechten Wünschen von Millionen unserer Mitbrüder, kann, darf und wird nicht untergehn. Und wenn es auch weder an heimlich Säumigen, noch an offenen Widersachern fehlen sollte: so dürfen wir doch getrost, ohne an dem guten Ausgang der Sache zu verzweifeln, jene ihrem eigenen Gewissen, und diese dem Urtheil der Nachwelt überlassen.

Beilagen.

I.

Patent über die Wiederbelebung des Schwanenordens.

Vom 24. December 1843.

Wir, Friedrich Wilhelm, von Gottes Gnaden, König von Preussen etc. etc.

Allen, die Gegenwärtiges lesen, Unsern Gruss zuvor.

Von dem vielfach Erfreulichen, welches unsere Zeit, unter den Segnungen eines langen Friedens — den Gott uns erhalten wolle — hervorbringt, verdient kaum etwas grössere Anerkennung und Beachtung, als die weit verbreiteten Bestrebungen, „auf dem Wege der Bildung von Vereinen physische und moralische Leiden zu lindern." Dies Streben ist wesentlich eins mit dem: das Christenthum zu beweisen, — nicht durch Bekenntnissstreit oder nur in äusserlichen Geberden — wohl aber in seinem Geist und seiner Wahrheit, nämlich durch Leben und That. — Durchdrungen von der Ueberzeugung, dass viele jener achtungswürdigen Vereine zu der vollen Wirksamkeit, deren sie fähig sind, nur dann gelangen können, wenn sie ein gemeinsames Band um einen leitenden und anregenden Mittelpunkt vereinigt, haben Wir beschlossen, den ältesten Orden Unseres Hauses, die Gesellschaft des Schwanenordens, welche grade jetzt vor 400 Jahren von Unserm in Gott ruhenden Ahnherrn, dem Erzkämmerer und Churfürsten Friedrich II. gestiftet, und nie förmlich aufgehoben worden, wieder zu beleben, und dem erwähnten Bedürfniss entsprechend, neu einzurichten.

Schon der Sinn der im Jahre **1443** verfassten Statuten dieses Ordens ist kein anderer, als „Bekenntniss der christlichen Wahrheit durch die That." Wir haben die Anfertigung neuer Statuten, und die Bildung eines leitenden Ordensrathes befohlen, dessen Gliederung in Abtheilungen zur Leitung der verschiedenen Thätigkeiten der Gesellschaft demnächst erfolgen soll. Unsere nächste Sorge für die praktische Wirksamkeit der Gesellschaft des Schwanenordens soll die Stiftung eines evangelischen Mutterhauses in Berlin für die Krankenpflege in grossen Spitälern sein. — Den Ordenszeichen haben Wir diejenigen Veränderungen gegeben, welche Uns den gegenwärtigen Verhältnissen entsprechend erscheinen. — Die für die Zwecke des Ordens unmittelbar arbeitenden Mitglieder, nämlich die Pfleger und Pflegerinnen der Leidenden, der reuigen Gefallenen, der Bestraften u. s. f., so wie die Geistlichen, welchen etwa die unmittelbare Leitung von Stiftungen der Gesellschaft und die Seelsorge in denselben anvertraut wird, tragen kein Ordenszeichen. Die Insignien des Schwanenordens sind nicht, gleich denen anderer Orden, bestimmt, als ein Schmuck des Verdienstes, als eine Auszeichnung, verliehen zu werden: nur die goldene Kette desselben wollen Wir in seltenen Fällen als Königliches Ehrengeschenk an gekrönte Häupter und erlauchte Personen verleihen. Der Schwanenorden soll vielmehr „eine Gesellschaft" sein, in die man freiwillig eintritt, um sich thätig einem der Zwecke derselben zu weihen, aus welcher man aber auch ohne Unehre austreten kann, wenn man jener Thätigkeit sich zu widmen nicht ferner den Beruf fühlt oder im Stande findet. Die Aemter und Würden des Ordens bezeichnen nur die Sphäre der Thätigkeit der damit Beliehenen und die Nähe oder Ferne, in der sie von seinem Mittelpuncte stehen. Männer und Frauen ohne Ansehen des Standes und Bekenntnisses können, wenn sie den Pflichten der Gesellschaft sich zu unterziehen bereit sind, in dieselbe aufgenommen werden. Wir Selbst haben, wie solches allen unseren Vorfahren an der Kur und Krone zugestanden hat, mit Unserer vielgeliebten Gemahlin, der Königin Majestät, das Grossmeisterthum des Ordens, und damit die oberste Leitung seiner Thätigkeiten übernommen. — Nur solche Stiftungen und Vereine, die von dem Orden ausgehen, stehen von selbst unter Unserer und der Ordens-Behörden Leitung. Alle anderen aber nur dann, wenn sie selbst die Aufnahme aus freiem Willen begehren und der Orden dieselben seinem Zwecke entsprechend befindet. Wir würden die Tugend, welche neben der Tapferkeit und Treue Unser geliebtes Volk am schönsten ziert, tief verkennen, vermeinten Wir, mit dem Glanze und den Mühen eines Ordens Uns in das Heiligthum stiller Wohlthätigkeit lohnend und fördernd zu drängen. Unsere Absicht ist allein die: durch vereinte Kräfte auf dem bezeichneten fruchtbaren Felde Grosses zu wirken. An Gottes Segen ist Alles gelegen. Ihn flehen Wir auf dieses Werk herab, damit die erneute Ordensgesellschaft zur Linderung und Heilung vielfacher Leiden erwachse und emporblühe, und damit Männer und Frauen aus allen Bekenntnissen, Ständen und Stämmen Unseres Volkes in zahlreichem Verein und im edelsten Wetteifer beweisen mögen, dass sie das Wort des Herrn beherzigen: „An Ihren Früchten sollt Ihr sie erkennen." — In dem Bewusstsein, dass der Zweck, für welchen Wir den Schwanenorden wieder herstellen, ein guter, dass die Absicht dabei lediglich gerichtet ist auf Abhülfe fühlbarer Mängel, auf Förderung heilsamer Anstalten, befehlen Wir unsere Stiftung getrost und freudig dem König der Könige. — Unter Seinem Segen wird sich eine wahrhaft edle Schaar sammeln, welche das Grosse, Heilsame, Thatkräftige in den Richtungen dieser Zeit mächtig erfassen und fördern, allem Verderblichem darin aber ritterlich widerstehen wird, nicht durch Kampf und Streit, nicht durch heimliches Treiben, wohl aber durch das, worin allein alle christlichen Bekenntnisse sich vereinen können und sollen, durch thätiges Ueben des göttlichen Willens, in Siegesgewissheit der göttlichen Liebe. Der Ordenswahlspruch ist:

„Gott mit uns!"

Gegeben zu Berlin am Vorabend zu dem Christfeste **1843**.

(L. S.) Friedrich Wilhelm.

II.

Allerhöchste Ordre

Sr. Majestät des Königs

über den

Centralverein in Preussen.

Ich habe mit lebhafter Theilnahme erfahren, dass die Berliner Gewerbe-Ausstellung auch dazu geführt hat, dass ein Verein bei dieser Gelegenheit zusammengetreten ist, welcher sein Streben dahin richten will, der geistigen und leiblichen Noth der Hand- und Fabrikarbeiter Abhülfe zu verschaffen, sowohl durch Errichtung von Spar-Prämien-Kassen, als durch Anlegung von Schulen und Verbreitung gemeinnütziger Schriften. Ich trage Ihnen auf, dem hierzu zusammengetretenen Verein Mein grosses und lebhaftes Interesse an diesem Vorhaben auszudrücken, und denselben Meiner thätigen Unterstützung dabei zu versichern. Da Ich aus Ihrer vorläufigen Mittheilung ersehe, dass der Ertrag der Einnahmen bei der Gewerbe-Ausstellung bei weitem nicht ausreicht, die durch dieselbe veranlassten Ausgaben zu decken, mithin auf diese Einnahmen zur Unterstützung des Vereins nicht gerechnet werden kann, so will Ich demselben eine Summe von 15,000 Thlr. für seine Zwecke zur Disposition stellen, in der Voraussetzung jedoch, dass nicht die Errichtung von Spar-Prämien-Kassen ausschliesslich von demselben für jetzt ins Auge gefasst, sondern seine Thätigkeit auch zugleich den anderen von ihm beabsichtigten wohlthätigen Einrichtungen mit werde zugewendet werden. Auf dem Wege des gemeinsamen hülfreichen Wirkens für das Wohl der arbeitenden Klasse wird die vaterländische Industrie, die so glänzend durch ihre Fortschritte sich auszeichnet, zugleich eine höhere Weihe erhalten und sich am Gewissesten einen dauernden Segen sichern. Ich werde Mich darum jeder Vergrösserung und Stärkung des Vereins auf das Innigste erfreuen und lebe der Hoffnung, dass er bald durch den Hinzutritt aller wahrhaft edlen Männer unter dem Gewerbsstande zu einem Baum erwachsen wird, der seine Zweige über das ganze Vaterland breitet. Nach dem Mass seiner eigenen Kräftigung wird auch Meine fortdauernde thätige Theilnahme demselben nie entstehen etc. etc.

Sanssouci, den 25. October 1844.

(gez.) Friedrich Wilhelm.

An den Staats- und Finanz-Minister Flottwell.

III.

Auszug

aus der

Ansprache des Comité's des Centralvereins,

für das Wohl der arbeitenden Klassen,

vom 29 October 1844.

Die Verbesserung des sittlichen und wirthschaftlichen Zustandes der arbeitenden Klassen ist unbestritten eine dringende und hochwichtige Aufgabe unserer Zeit. Die Lösung dieser Aufgabe wird, nach der Stellung der dabei Betheiligten, auf verschiedenen Wegen und durch verschiedene Mittel erfolgen müssen, und um so sicherer gelingen, je sachgemässer Seitens der verschiedenen Betheiligten die Mittel gewählt werden, und je mehr dieselben einander unterstützen.

Der Centralverein für das Wohl der arbeitenden Klassen hat sich nun die besondere Aufgabe gestellt, dahin zu wirken, dass durch die Kraft des moralischen Einflusses und die zur Förderung desselben zu treffenden Einrichtungen, unter thätiger Mitwirkung der arbeitenden Klassen selbst, der sittliche und wirthschaftliche Zustand derselben allmählig gehoben und ein auf Wohlwollen gegründeter unzerstörbarer Bund zwischen ihnen und den anderen Klassen der Gesellschaft mehr und mehr befestigt werde. Eine befriedigende Lösung dieser Aufgabe ist nur möglich, wenn recht viele Kräfte in demselben Geiste zusammenwirken, wenn insbesondere für jede Provinz oder jeden Regierungsbezirk ein Provinzial- oder Bezirksverein sich bildet und sodann überall Localvereine entstehen, welche in unmittelbarem Verkehr mit den arbeitenden Klassen für das Wohl derselben thätig sind. Der Centralverein hat daher dahin zu wirken, dass die Provinzial- oder Bezirks- und Localvereine erstens sich rasch und lebenskräftig bilden, zweitens in einem die Kraft des moralischen Einflusses und das Wohl der arbeitenden Klassen wahrhaft fördernden Geiste an das Werk gehen und drittens in diesem Geiste überall die zweckdienlichsten Einrichtungen treffen. Die Selbstständigkeit der Provinzial- oder Bezirks- und Localvereine soll dabei in keiner Hinsicht beeinträchtigt werden. Von dem entgegenkommenden Vertrauen derselben ist daher die Wirksamkeit des Centralvereins wesentlich abhängig. Das Vertrauen wird ihm aber nicht fehlen, wenn aus allen Klassen der Gesellschaft recht viele Mitglieder gewonnen werden, jedes Mitglied mit lebendigem Eifer für den Verein wirkt und die Geldmittel desselben dergestalt anwachsen, dass er die einer Beihülfe bedürfenden Localvereine bei den für nützlich zu achtenden Einrichtungen auf das kräftigste unterstützen kann.

Der öffentlich bekannt gemachte Aufruf vom 7ten October d. J. bezeichnet als Aufgabe jedes Localvereins, in dem Bezirke, für welchen er errichtet worden, den sittlichen und wirthschaftlichen Zustand der arbeitenden Klassen durch alle Mittel zu befördern, welche sich bereits praktisch bewährt haben, oder in der Folge bewähren werden, und nach den örtlichen Verhältnissen anwendbar und zulässig erscheinen. Jedem Localvereine ist die selbstständige Lösung dieser Aufgabe überlassen. Die nachstehenden Punkte sind jedoch zur Berücksichtigung empfohlen worden:

a) Die Errichtung von Spar- und Prämien-Kassen, welche für die Einlage möglichst hohe Zinsen und ausserdem, wenn die Einlagen eine gewisse Summe erreicht haben, angemessene Prämien für die Sparsamkeit gewähren.

b) Die Bildung von Kranken- und Sterbe-Laden, Unterstützungs- und Pensions-Kassen.

c) Die Anlegung von Schulen für die Fortbildung der in den Fabriken beschäftigten Kinder und von Bewahr-Anstalten für die Kinder der Fabrik-Arbeiter.

d) Die Verbreitung gemeinnütziger Kenntnisse durch Schriften und mündlichen Vortrag.

e) Die thätige Mitwirkung auch solcher Personen aus den arbeitenden Klassen, welche nicht Mitglieder des Vereins sind, bei Verwaltung der Einrichtungen desselben.

Zuvörderst darf nicht übersehen werden, dass die eben gedachten Einrichtungen von einer Armenpflege oder Almosenvertheilung, welche die Noth nur vorübergehend lindern, die Hebung der arbeitenden Klasse aber niemals herbeiführen kann, schon dadurch in ihrem ganzen Grunde verschieden sind, dass die thätige Mitwirkung der Arbeiter dabei wesentlich in Anspruch genommen wird. Sodann würde man den Zweck der Localvereine durchaus verkennen, wenn man jene Einrichtungen als den eigentlichen Kern ihrer Wirksamkeit betrachten wollte. Dieser liegt in der Kraft des moralischen Einflusses und seinen stillen, von selbst kommenden, durch keine Bestimmungen eines Statuts auszudrückenden Folgen, welche sich nicht bloss bei den arbeitenden Klassen, sondern auch nach anderen Seiten hin äussern werden. Manche Missstände werden in Folge jenes Einflusses geräuschlos verschwinden, manche wohlthätige Bestrebungen aus demselben hervorgehen und überhaupt wohlwollende Gesinnungen durch denselben immer allgemeiner verbreitet werden. Der moralische Einfluss bedarf aber einer materiellen Grundlage, und als solche bieten sich die vorbezeichneten Einrichtungen dar. Das höchste Ziel würde erreicht sein, wenn dieselben überall gleichzeitig ins Leben gerufen werden könnten, die Erfahrung lehrt indessen, dass die bedeutendsten Mittel durch Zersplitterung unwirksam werden und selbst einen schädlichen Erfolg haben können. Jeder Localverein, dessen Geldmittel die gleichzeitige kräftige Förderung aller wünschenswerthen Einrichtungen nicht zulassen, wird sich daher zunächst auf die wirksamsten Einrichtungen beschränken müssen und erst nach deren Befestigung andere Einrichtungen hervorrufen können. — — — Der Centralverein bedarf aber zu seiner Wirksamkeit, wie aus der obigen Darstellung erhellet, bedeutender, sehr bedeutender Geldmittel. Ohne diese ist er machtlos, mit ihnen wird er Grossartiges wirken. Sollte er aber nicht auf allseitige Anerkennung und die ausgedehnteste thätige Theilnahme rechnen dürfen? Es kommt darauf an, eine sehr zahlreiche Klasse von Mitbürgern aus dem Zustande der Rath- und Hülflosigkeit, in den sie mehr oder weniger verfallen ist, emporzuheben. Es kommt darauf an, dieser Klasse von Mitbürgern den verlorenen sittlichen Halt wiederzugeben. Es kommt darauf an, diese Klasse von Mitbürgern für die Gesellschaft zu gewinnen und mit unauflöslichen Banden der Liebe an dieselbe zu knüpfen. Niemand ziehe sich daher unter dem Vorwande zurück, dass ihn die Sache nicht berühre: denn Jeder ist gleichmässig berufen, zur Heilung der Wunden der Zeit mitzuwirken. Niemand ziehe sich unter dem Vorwande zurück, dass der Verein Unausführbares bezwecke; denn mit unerschütterlichem Muthe, mit ernstem Willen und mit Vertrauen auf Gottes Segen lassen sich alle Schwierigkeiten überwinden. Mit dieser Ueberzeugung ist das Werk begonnen worden, mit dieser Ueberzeugung wird es fortschreiten und vollendet werden. Möge Jeder, der ein Herz für das Wohl seiner Mitmenschen hat, dieselbe Ueberzeugung in sich aufnehmen und zu dem grossen Zweck ein geringes Opfer bringen. Dann wird der Verein bald eine, auch auf die kräftige Bildung der Provinzial-, Bezirks- und Localvereine hinwirkende, starke Gesammtkraft entwickeln, dann wird er bald als ein grosses Nationalwerk dastehen. *)

IV.

Statut des Berliner Localvereins

für

das Wohl der arbeitenden Klassen. **)

Auf Anregung des „Centralvereins in Preussen" hat sich ein „Berliner Lokalverein für das Wohl der arbeitenden Klassen" gebildet. Derselbe bekennt sich zu den allgemeinen Grundsätzen, welche in der Allerhöchsten Order vom 25. October und der Ansprache des Comités des Centralvereins vom 29. October d. J. enthalten sind. Es ist denselben gemäss für diesen Verein das nachfolgende Statut berathen und angenommen worden.

---

*) Der Vorstand des Centralvereins besteht gegenwärtig aus folgenden Mitgliedern 1) Der Vorsitzende Dr Bornemann, Wirklicher Geheimer Ober-Justizrath und Abtheilungsdirigent im Justizministerium (Anhaltische Strasse No. 8). 2) Der Cassirer: Knoblauch, Geh. Finanzrath und Stadtältester (Poststrasse No. 23) 3) Der Sekretär Nobiling, Färbereibesitzer und Landwehrhauptmann (Stralauerstrasse No. 45). 4) Der Sekretär: D. A. Benda, Rentier (Monbijouplatz No. 10). 5) Dr. von Viebahn, Geh. Ober-Finanzrath (Schulgartenstrasse No. 4). 6) von Patow, Wirklicher Geh. Ober-Regierungsrath und Abtheilungsdirigent im Ministerium des Innern (Unter den Linden No. 4 a). 7) E. Goldschmidt, Fabrikbesitzer (Poststrasse No. 27). 8) H. C. Carl, Geh. Commerzienrath (Zwirngraben No. 1 und 2). 9) J. F. Dannenberger, Kaufmann und Eisenbahn-Director (Bellevuestrasse No 6 a).

**) Wir theilen das Statut hier nach der neuen durch die Berathungen der Generalversammlung bedingten Redaction mit

Zweck des Vereins und Mittel zu dessen Erreichung.

§. 1.

Es ist der Zweck des Berliner Lokalvereins, durch die Kraft des moralischen Einflusses und die zur Förderung desselben zu treffenden Einrichtungen für die Verbesserung des sittlichen und wirthschaftlichen Zustandes der arbeitenden Klassen in Berlin und seinen Umgebungen, unter thätiger Mitwirkung derselben, zu wirken. Seine Aufgabe ist nicht sowohl vorhandenes Elend vorübergehend zu beschwichtigen, als das Entstehen der leiblichen und geistigen Noth auf möglichst gründliche Weise zu verhüten.

§. 2.

Der Verein wird für seinen Zweck (§. 1.) alle nach den örtlichen Verhältnissen zulässig erscheinende Mittel in Anwendung bringen, mit vorzüglicher Berücksichtigung derjenigen, welche sich bereits practisch bewährt haben. In diesem Sinne wird er, nach Massgabe seiner geistigen und materiellen Kräfte, geeignete Einrichtungen hervorrufen oder bestehende unterstützen, welche theils wirthschaftliche Hülfe gewähren, theils gemeinnützige Kenntnisse und sittliche Bildung verbreiten.

§. 3.

Der Lokalverein wird zwar seine Aufgabe, so weit seine Kräfte reichen, durchaus selbstständig lösen, aber er wird zugleich, um den gemeinschaftlichen Zweck desto sicherer zu erreichen, sich mit dem „Centralverein in Preussen" in fortgesetztem Verkehr zu erhalten suchen.

Verfassung des Vereins.

Grenzen.

§. 4.

Das Gebiet, auf welchem der Verein seine Wirksamkeit auszuüben hat, umfasst den weitern Polizeibezirk von Berlin, mit Einschluss der Stadt Charlottenburg und ihres Weichbildes.

Mitgliedschaft.

§. 5.

Der Verein besteht aus den bereits zusammengetretenen und in der Folge hinzutretenden Mitgliedern.

§. 6.

Jeder, der unter Vorausbezahlung eines Beitrags von mindestens einem Thaler für das laufende Kalenderjahr seinen Bei tritt zum Verein erklärt, wird dadurch Mitglied des Vereins. Alle späteren Beiträge können auch in viertel- und halbjährlichen Vorausbezahlungen geleistet werden. Die Mitgliedschaft endet durch Willenserklärung.

Bezirke.

§. 7.

Die Mitglieder des Vereins werden durch den Vorstand (§. 16.) nach ihren Wohnungen so vielen Bezirken zugetheilt, als das Bedürfniss es erheischt.

§. 8.

In jedem Bezirk wählen die Vereinsglieder alljährlich aus ihrer Mitte zwanzig Bezirksvertreter, welche sich durch eigene Nachwahl von zehn Mitgliedern ihres Bezirks, unter Massgabe einer absoluten Stimmenmehrheit für die Hinzugewählten, bis auf dreissig ergänzen.

§. 9.

Diese dreissig Bezirksvertreter übernehmen auf Ersuchen des Vorstandes (§. 20.) Begutachtungen, örtliche Ermittlungen und andere den Zweck des Vereins fördernde Arbeiten. In der Regel gebührt ihnen die Verwaltung derjenigen Einrichtungen, wie die Ausführung aller Massregeln, welche ihren Bezirk ausschliesslich angehen, und zwar innerhalb der Grenzen der betreffenden Instructionen.

Es erwächst ihnen hieraus die Pflicht, sich in beständiger Kenntniss aller, den Zweck des Lokalvereins angehender Zustände zu erhalten. Namentlich haben sie den Einfluss der hervorgerufenen örtlichen oder allgemeinen Einrichtungen auf ihren Bezirk zu beobachten.

§. 10.

Um den eben gedachten (§. 9.) Aufgaben zu genügen, halten die Bezirksvertreter regelmässige Bezirkssitzungen, in welchen Derjenige den Vorsitz führt, der mit den meisten Stimmen in den Ausschuss gewählt ist (§. 13.). Es hat jedoch auch der Vorstand das Recht, die Bezirkssitzungen zu beschicken.

§. 11.

Jedes Vereinsmitglied kann seine Vorschläge entweder durch die Bezirksvertreter oder unmittelbar an den Vorstand gelangen lassen. Im ersteren Falle ist dasselbe befugt, nach vorhergegangener rechtzeitiger Anmeldung bei dem Vorsitzenden der Bezirksvertreter, persönlich in der Bezirkssitzung zu erscheinen, um seine Vorschläge mündlich zu erläutern.

§. 12.

Vierteljährlich wird in jedem Bezirk unter dem Vorsitz eines Mitgliedes des Vorstandes eine Bezirksversammlung gehalten. In derselben wird

a) von dem Vorstandsmitgliede, unter Zuziehung der zum Ausschuss gehörenden, betreffenden Bezirksvertreter (§. 13.), den versammelten Bezirksgenossen über die Thätigkeit des Vereins, mit besonderer Berücksichtigung des einzelnen Bezirks, Bericht erstattet;

b) eine Berathung der Bezirksgenossen über die Interessen des Vereins abgehalten.

Das gedachte Vorstandsmitglied kann durch ein Ausschussmitglied vertreten werden.

Ausschuss.

§. 13.

Aus den Bezirksvertretern sämmtlicher Bezirke wird ein Ausschuss von mindestens vierzig Mitgliedern, welcher in Vereinigung mit dem Vorstande (§. 21.) die Leitung der Angelegenheiten des Vereins besorgt, in der Art gebildet, dass die Bezirksvertreter jedes einzelnen Bezirks eine gleiche Anzahl und zwar mindestens zwei Mitglieder mit absoluter Stimmenmehrheit aus ihrer Mitte erwählen.

§. 14.

Der Ausschuss ist befugt, sich durch eigene Nachwahl, unter Massgabe einer absoluten Stimmenmehrheit für die Hinzugewählten, bis zu einem Viertheil der Zahl seiner gewählten Mitglieder zu ergänzen. Diese Ergänzungswahlen gelten jedoch stets nur bis zur nächsten Erneuerung des Ausschusses (§. 15.).

§. 15.

Die Ausschussmitglieder werden auf zwei Jahre erwählt und zwar bei der ersten Wahl mit der vollen Anzahl, hernach jährlich mit der Hälfte derselben. Dagegen scheidet jährlich eine Hälfte aus, welche nach Ablauf des ersten Jahres durch das Loos, später durch das Alter bestimmt wird.

Vorstand.

§. 16.

An der Spitze der Verwaltung des Vereins steht ein Vorstand von neun Mitgliedern und neun Stellvertretern, welche von der Generalversammlung (§. 29.) gewählt werden. Die Stellvertreter sind bestimmt, in die Stelle der abwesenden ordentlichen Mitglieder einzutreten. Sie haben jedoch überhaupt den Sitzungen des Vorstandes regelmässig berathend beizuwohnen.

§. 17.

Die Wahl der Vorstandsmitglieder geschieht mit absoluter Stimmenmehrheit. Giebt diese das Erstemal kein ausreichendes Resultat, so wird aus der Zahl Derer, welche vorher die relative Stimmenmehrheit hatten, die doppelte Anzahl der noch zu wählenden, unter Angabe ihrer Stimmenzahl, auf eine engere Wahl gebracht. Aus diesen wird abermals gewählt, wobei es dann nur der relativen Stimmenmehrheit bedarf.

§. 18.

Die Vorstandsmitglieder werden auf drei Jahre erwählt, und zwar bei der ersten Wahl mit der vollen Anzahl, hernach jährlich mit einem Drittheil derselben. Dagegen scheidet jährlich ein Drittheil aus, welches nach Ablauf des ersten und zweiten Jahres durch das Loos, später durch das Alter, bestimmt wird.

Die Ausscheidenden sind für das nächste Jahr nicht wieder wählbar.

§. 19.

Die Mitglieder des Vorstandes wählen aus ihrer Mitte jährlich einen Vorsitzenden, einen Stellvertreter desselben, einen oder mehrere Schriftführer und einen Schatzmeister.

§. 20.

Der Vorstand ist die ausführende Behörde. Er bereitet Alles selbstständig vor, worüber im vereinigten Vorstand und Ausschuss (§. 21.) beschlossen werden soll, veranlasst die nöthigen örtlichen Ermittlungen (§. 9.), beruft die Bezirksversammlungen (§. 12.), die Versammlungen des vereinigten Vorstandes und Ausschusses (§. 21.), so wie auch die Generalversammlungen (§. 28.) und leitet dieselben. Insbesondere überwacht er das Kassenwesen und vertritt endlich den Verein in allen Beziehungen nach Aussen, wobei er namentlich befugt ist, sich vor Gericht einen Stellvertreter zu ernennen.

Vereinigter Vorstand und Ausschuss.

§. 21.

In der Regel vereinigen sich Vorstand und Ausschuss in jedem Monate zu einer ordentlichen Sitzung, um über die vom Vorstande vorbereiteten oder von einem Ausschussmitgliede beantragten Gegenstände (§. 20.) zu berathen und zu beschliessen.

§. 22.

Ausdrücklich bleiben dem Geschäftskreise des vereinigten Vorstandes und Ausschusses vorbehalten: die Beschlussnahmen über die vom Verein in's Leben zu rufenden Anstalten und deren organische Einrichtung, die Ertheilung aller nöthigen Geschäftsordnungen und Instructionen, die Wahl der Deputationen (§. 25.) und die allgemeinen Bestimmungen über die Verwendung der Geldmittel. Ausserdem hat derselbe die Befugniss, jederzeit von dem Stande der Angelegenheiten des Vereins wie von der Thätigkeit des Vorstandes Kenntniss zu nehmen und die Anstellung nachträglicher örtlicher Ermittlungen zu beschliessen.

§. 23.

Zur Fassung gültiger Beschlüsse muss im Vorstande, wie auch im vereinigten Vorstande und Ausschusse, mindestens mehr als die Hälfte der gesammten stimmfähigen Mitglieder vorhanden sein. Es entscheidet stets die absolute Stimmenmehrheit, bei Stimmengleichheit aber der Vorsitzende.

§. 24.

In den Versammlungen des vereinigten Vorstandes und Ausschusses können auch die übrigen Mitglieder des Vereins erscheinen, ohne jedoch an den Berathungen und Beschlüssen Theil zu nehmen. Der Vorstand wird deshalb Ort und Zeit der Versammlungen einige Tage vorher durch zwei Berliner Zeitungen bekannt machen, auch für ein geräumiges Sitzungslokal sorgen.

Nach Bedürfniss können ausserordentliche Sitzungen gehalten werden, zu welchen den Mitgliedern des Vereins der Zutritt nicht gestattet zu werden braucht.

Deputationen.

§. 25.

Alle besonderen Angelegenheiten, mit denen eine fortwährende Verwaltung verbunden ist, oder die wenigstens anhaltend Aufsicht und Controlle, oder Mitwirkung an Ort und Stelle bedürfen, werden durch Deputationen besorgt, die vom vereinigten Vorstand und Ausschusse gewählt werden. Es ist darauf zu achten, dass die Mitglieder dieser Deputationen die erforderliche Sachkenntniss besitzen. Doch muss in jede Deputation mindestens ein Mitglied des Vorstandes gewählt werden, welches dann zugleich den Vorsitz führt.

Revisoren.

§. 26.

Alljährlich werden von der Generalversammlung drei Revisoren erwählt, die sowohl die Richtigkeit der Rechnungen, als auch zu untersuchen haben, ob die gemachten Ausgaben nach den Beschlüssen des vereinigten Vorstandes und Ausschusses gerechtfertigt sind.

Die Revisoren müssen die von ihnen revidirten Rechnungen 14 Tage vor der jedesmaligen Generalversammlung (§. 28.) zur Einsicht auslegen.

Generalversammlung.

§. 27.

Den Verein vertritt und über seinen Behörden steht die Generalversammlung. Sie wird gebildet durch den Vorstand, den Ausschuss und die Gesammtheit sämmtlicher Bezirksvertreter.

§. 28.

Alljährlich wird eine ordentliche Generalversammlung des Vereins gehalten. Zeit und Ort muss der Vorstand mindestens vierzehn Tage vorher durch zwei Berliner Zeitungen bekannt machen, wobei zugleich die Gegenstände, welche zur Berathung kommen sollen, im Allgemeinen zu bezeichnen sind. Die jedesmaligen Anwesenden fassen nach absoluter Stimmenmehrheit bindende Beschlüsse; bei Stimmengleichheit entscheidet der Vorsitzende.

Nach Bedürfniss kann auch unter gleichen Bedingungen eine ausserordentliche Generalversammlung einberufen werden.

Den Mitgliedern des Vereins ist, so weit es der Raum zulässt, überall der Zutritt gestattet.

§. 29.

In der ordentlichen Generalversammlung wird die Wahl des Vorstandes (§. 18.) und der Revisoren (§. 26.) vollzogen, über die Wirksamkeit des Vereins, im Ganzen, wie in seinen einzelnen Organen und Bezirken Bericht erstattet, über die Einnahme und deren Verwendung Rechenschaft abgelegt und Decharge ertheilt, so wie endlich über diejenigen Gegenstände berathen und beschlossen, welche der vereinigte Vorstand und Ausschuss für geeignet hält. In dieser Versammlung können auch von den einzelnen Mitgliedern Vorschläge und Anträge ausgehen; es müssen dieselben indess dem Vorstande acht Tage vorher schriftlich mitgetheilt werden.

Veröffentlichungen über die Wirksamkeit des Vereins.

§. 30.

Der Bericht, welcher über die Wirksamkeit des Lokalvereins in der Generalversammlung zu erstatten ist, wird mit den Verhandlungen der letzteren, so wie einer Liste der Mitglieder des Lokalvereins und ihrer Beiträge öffentlich bekannt gemacht. Jedes Vorstands- und Ausschussmitglied, ausserdem jeder Bezirksvertreter, erhält einen Abdruck jener Veröffentlichung, jeder Bezirk eine entsprechende Anzahl von Exemplaren. Andere Exemplare sind käuflich.

Revision der Statuten.

§. 31.

Die abermalige Berathung der Statuten und deren Abänderung oder Ergänzung bleibt der Generalversammlung vorbehalten.

Transitorische Bestimmung.

§. 32.

Das bestehende provisorische Comité bleibt so lange im Amte, bis es die Constituirung des Vereins nach Massgabe der §§. 4—17. bewirkt haben wird.*)

Berlin, den 22. Januar 1845.

---

*) Das provisorische Comité, dem durch die letzte Generalversammlung eine Selbstergänzung freigestellt ward, besteht jetzt aus folgenden Mitgliedern: Behrendt, F. W., Kommerzienrath, Neue Schönhauserstr. No. 9. Berner, Klempnermeister, Unter den Linden No. 51. Brüggemann, Schriftsteller, Neustädtsche Kirchstr. No. 5. Diesterweg, Dr., Seminardirector, Oranienburgerstr. No. 29. Egells, Eisengiessereibesitzer, Chausseestr. No. 3. Froehner, Feuer-Societäts- und Landarmendirector, Landsbergerstr. No. 4. Hamann, Wilh., Bäckermeister, Brüderstr. No. 30. von Herford, Kammergerichts-Assessor, Hinter der katholischen Kirche No. 2. Hummel, C., Maschinenbauer, Johannisstr. No. 1 a. Jordan, Baumwollenwaarenfabrikant, Jüdenstr. No. 54. Kalchbrenner, Tuchappreteur, Grünstr. No. 10. Kalisch, Professor, Anhaltstr. No. 10. Kampffmeyer, Lederfabrikant, Neue Jakobsstr. No. 1. Naunyn, Bürgermeister und Geh. Regierungsrath, Lindenstr. No. 26. Otto, J. C., Zimmermeister, Friedrichs-

V.

Einige Nachgedanken zu dem Berliner Statut.

Das eben mitgetheilte Statut liegt gegenwärtig der hohen Regierung zur Genehmigung vor. Es würde sich nicht geziemen, wollte ich ihr gegenüber zu Gunsten einer Sache reden, die, weil sie eben fertig vorliegt, entweder für sich selber reden oder fallen muss. Den gehässigen Insinuationen aber entgegenzutreten, die leider keine, auch die beste Angelegenheit nicht, mit ihrem Gifte verschonen: dazu, dünkt mir, ist dem Publicum gegenüber jeder Ehrenmann verpflichtet. Hoffen wir inzwischen, dass trotz ihrer und auf alle Fälle die Verwirklichung dessen nicht ausbleiben werde, was seiner allgemeinen Natur nach nicht nur von allen Seiten her, sondern auch Allerhöchsten Ortes als wünschenswerth, ja als dringend nothwendig erkannt worden ist.

Weder bei der Abfassung noch bei der neuen Redaction des Statutes bin ich betheiligt, andrerseits gehöre ich dem provisorischen Comité durch ergänzende Nachwahl seit Kurzem an. Aus beiden Umständen könnte ich besondere Motive zu einer

str. No. 141 a. Pieper, Schneidermeister, Kronenstr. No. 58. Runge, Stadtverordneter, Alte Jakobsstr. No. 132 u. Köpnickerstr. No. 92. Schmidt, Dr., Professor, Weinmeisterstr. No. 7. Schulze, Stadt-Schulrath, Behrenstr. No. 48. Sehlmacher, W., Tuchfabrikant, Stralauerstr. No. 30. Stephan, A., Fabrikbesitzer, Schlesischestr. No. 15. Veit, M., Buchhändler, Neue Promenade No. 9 und 10. Volckart, Ed., Tabaksfabrikant, Gertraudtenstr. No. 23. Winkelmann, Steindruckereibesitzer, Spittelmarkt No. 14. Woeniger, Dr., Schriftsteller, Luisenstr. No. 4 a. Zacharias, F. A., Kaufmann, Neue Rossstr. No. 14.

offenen und rückhaltslosen Meinungsäusserung entnehmen, wäre ich überhaupt der Antriebe bedürftig um das zu sagen was ich denke.

Und was ich denke ist nun zunächst dies. Es ist wahr, das Statut bewegt sich vorzugsweise in formellen Bestimmungen (§. 4 ff.); doch das ist recht und in der Ordnung; denn das Statut hat nur den „Verein" und erst dieser die „Hülfe" zu organisiren. Das Statut lässt die Art der Hülfe unbestimmt (§. 2.); das ist einsichtig; denn es wäre verfänglich, das Kind schon porträtiren zu wollen, das noch als Foetus im Mutterleibe ruht. Nur darauf kommt es an, dass dieser Foetus in der Verfassung vorhanden oder die Organe künftiger Geburten vorbedacht sind, und das ist der Fall; denn der Paragraph über die Deputationen (§. 25.) bildet den Lebensnerv, vermöge dessen alle die Schöpfungen organisirt werden können, welche nach Ermittlung der „örtlichen Verhältnisse" (§. 2.) als die „zweckdienlichsten und wirksamsten" erscheinen werden.*) Auch der Thätigkeit dieser Organe aber ist nicht im Voraus ein bestimmter Inhalt oder eine bestimmte Grenze angewiesen; und auch das ist wiederum naturgemäss und praktisch; denn die Schöpfungen müssen eben organische, naturwüchsige sein, also zu ihrer gedeihlichen Entwicklung den freiesten Spielraum, nicht aber Formen vorfinden, in die sie nicht hineinpassen, und die dann „wie Glas zersplittern" (s. oben S. 3.). Die Verfassung des Vereins ist allerdings eine vielgliedrige; doch das ist nothwendig; denn Berlin ist nun einmal kein Dorf, und die Summe der Hülfsbedürftigen keine Zahl deren Nullen links von den Einern und Zehnern stehen. Die Formen sind auf Oeffentlichkeit begründet; das ist zweck- und zeitgemäss; denn was lebendige Theilnahme erwecken soll, muss selbst lebendig sein, und was leben will, das darf sich nicht in einen Sarg verschliessen. Man sagt, das Statut gewähre keine Garantien; das ist

*) Schon gegenwärtig ist das provisorische Comité, nachdem es sich zu diesem Behufe in verschiedene sachliche Commissionen abgetheilt, mit den materiellen Vorarbeiten beschäftigt, welche den künftigen Entwürfen zur Grundlage dienen sollen.

unwahr; denn diese liegen in den adoptirten „allgemeinen Grundsätzen" (Eingang), in der Bestimmung des „Zweckes" (§. 1.), in der vorbezeichneten Natur der künftigen „Einrichtungen" (§. 2.), und in der Stellung des Vorstandes an sich (§. 20.) sowie in Verbindung mit dem Ausschuss (§. 22.); jede Ueberschreitung, wenn sie denkbar ist, würde fürwahr der Staat zu verhindern wissen.

So erkenne ich denn das vorstehende Statut als ein durchaus rechtes und praktisches, als ein zweck- und zeitgemässes, als ein einsichtsvolles und lebenskräftiges an, und begrüsse es meinerseits freudig.

Was ich aber ferner denke ist das. Es handelt sich um eine gute Sache; die müssen wir uns wahren durch allseitiges Vertrauen, nicht verkümmern, schwächen oder gar preisgeben durch gegenseitiges Misstrauen. Hüten wir uns den Kunstkennern zu gleichen, denen ein Misston die schönsten Accorde verbittert! Wir sind berufen einen Baum zu pflanzen, der seine Zweige über das ganze Vaterland breite. Wollten wir nun auf diese Pflanzung verzichten, weil in den Zweigen möglicherweise sich Raupen nisten könnten? Wollten wir dem Grundsatz huldigen, dass wir das Gute unterlassen müssen, damit nicht das Böse sich hinzugeselle? Wo ist der Schiffsherr, der sein Schiff nicht vom Stapel lässt, damit demselben die Welle nicht schade? Wo ist der Eigner, der seine herrlichsten Wälder fällt, um sich vor Holzdieben sicher zu stellen? Und treibt nicht derselbe Baum, an dessen Rinde die Raupe nagt, aus seinem Marke die schönsten Früchte hervor? Die Schlange hat den alten Adam verlockt von der Frucht der Erkenntniss zu naschen; soll den neuen Adam die Raupe abschrecken die Früchte der Humanität zu erzielen? Und die Menschlichkeit — wie wiegt sie doch unendlich schwerer noch als die Erkenntniss! Diese ist das Erste, jene das Letzte; diese Eins, jene Alles.

Oder besorgen wir, eine zweite Schlange möchte erscheinen, sobald der Baum der Humanität zur Blüthe sich entfaltet? Nimmermehr! Doch wer des Glaubens ist, zu dem die Betrachtung der Geschichte wie die Lehre des Christenthums hinführt, dass eine höhere Macht über die Welt gebiete und sie leite, der wird auch getrost der Vorsehung anheimgeben dürfen, was Menschen wider den Willen dieser höheren Macht weder zu bereiten noch abzuwehren im Stande sind.

Oder wollten wir das Gleichniss anwenden: „Ein jeglicher guter Baum bringet gute Früchte; aber ein fauler Baum bringet arge Früchte?" Wahrlich, wer würde nicht freudig in den Richtspruch einstimmen: „Jeglicher Baum der nicht gute Früchte bringet," der werde „abgehauen und ins Feuer geworfen." Aber Christi Folgerung lautet wie sie einzig lauten darf: „Darum, an ihren Früchten sollt ihr sie erkennen." Wollten wir also die Frucht verdammen, bevor sie noch da ist? den Baum schon verurtheilen, ehe er noch Früchte trug, ja der wie ein schwaches Reis noch kaum in dem Erdboden faserdünne Wurzeln trieb?

Also, wahren wir die gute Sache! Hegen und pflegen wir die neue Pflanzung mit Eifer und Sorgfalt, und sie wird — nicht arge, sondern gute Früchte bringen.

Schliesslich denke ich noch dies. Wo Tausende bei einander sind, können unmöglich Alle Eines Sinnes sein. Wohl aber können zu jeglichem guten Werke die Guten sich zusammenfinden, wofern sie nur wollen, hüben und drüben. Doch wenn sie nicht wollen: wess ist dann die Schuld, dass das Gute nicht gedeiht oder gar in ein Uebel sich wandelt? Gewiss, nicht derer die da kommen, sondern derer die da ausbleiben und doch vermeinen dass sie nach dem — Guten trachten. Wahrlich es fehlen noch gar Viele, deren Kommen heilige Pflicht wäre, und deren Ausbleiben, wie dem Ganzen zum Nachtheil, so ihnen selber zur Schmach gereicht.

Das etwa ist es was ich denke; alles Uebrige sind nur die Wünsche die den Schweif der Gedanken bilden. Was sie bezeichnen und begehren, concentrirt sich alles in dem einzigen Worte: That. Und sicher, nichts ist so verzeihlich, als die Ungeduld derer, welche in den Angelegenheiten des Menschenwohls über die Reden und Berathungen, über die Formen und Vorbereitungen, über die Statuten und Organisationen hinaus, zu einem raschen und rüstigen Handeln vorwärts drängen. Möge daher die entscheidende Losung zu diesem Vorwärts bald erfolgen!

VI.

Ueber die Allgemeine Gewerbeordnung
vom 17. Januar 1845.

Die neue Gewerbeordnung ist unbedenklich eins der dankenswerthesten legislativen Erzeugnisse unserer Tage, welches die gewerbliche Entwicklung frei und kräftig gestalten kann, sobald nur erst dessen Bestimmungen die bestehenden Verhältnisse vollständig durchdrungen haben, was freilich wohl eine längere Zeit erfordern wird.

Wir haben es hier nur mit denjenigen Bestimmungen zu thun, welche, wie wir schon angedeutet (S. 80.), der Bildung von Arbeiter-Associationen zu wechselseitiger Assecuranz, wie wir sie als die unerlässlichste Bedingung zur Abwehr des Nothstandes dargestellt (S. 36. 39.), die gesetzliche Grundlage oder die gesetzlichen Anknüpfungspunkte verleihen.

Der §. 144. gestattet den „Gesellen und Gehülfen" nicht nur „die Beibehaltung der zur gegenseitigen Unterstützung vorhandenen besondern Verbindungen und Kassen, mit dem Vorbehalt „die Einrichtungen derselben nach Befinden abzuändern und zu ergänzen," sondern er bestimmt auch dass „dergleichen Verbindungen und Kassen mit Genehmigung der Regierung, unter den von dieser festzusetzenden Bedingungen, neu gebildet werden" können; und endlich macht er die Zugänglichkeit der jetzt auf die Zünftigen beschränkten Kassenverbände für die Gesammtheit der Berufsgenossen, die wir oben (S. 51.) als dringend wünschenswerth erachteten, ausdrücklich zur Bedingung, indem er anordnet:

„Ein Geselle oder Gehülfe darf deshalb, weil er nicht bei einem Innungsgenossen arbeitet, von dem Beitritt zu solchen Verbindungen und Kassen nicht ausgeschlossen werden." — Der §. 145. aber dehnt nicht nur viele andere Bestimmungen, sondern auch die eben vorgetragenen zugleich auf die „Fabrikarbeiter" aus.

Damit wären also die „speciellen" Verbindungen für jede „einzelne" Gattung von Arbeitern, die wir (S. 44.) für „grosse" Städte wegen der „tief eingewurzelten Vorurtheile" wenigstens als „Ausgangspunkt" der ganzen Organisation empfehlen zu müssen glaubten, vollkommen sanctionirt.

Wir haben aber zugleich behauptet, dass die Nicht-Verschmelzung der Interessen „zu allseitigem Nachtheil nicht nur in materieller, sondern auch in sittlicher, industrieller und socialer Beziehung" gereiche, dass die „Vortheile der Association mit der Menge der Mitglieder wesentlich wachse," und dass daher wenigstens in „kleineren Städten" die Form der „Gesammtassociation" von vornherein empfehlenswerther sei. Können nun also jene Standesvorurtheile überwunden werden, was allen Klassen zur Ehre gereichen und den Strebungen der Zeit gemäss sein würde, so sollten auch in grossen Städten die gewerblichen Innungen die günstige Gelegenheit nicht vorübergehen lassen, um auch sich die bedeutsamen Vortheile einer Gesammtverbindung der Arbeiter aller Klassen anzueignen. Diese Vortheile sind mannigfacher Art; ich will nur einige hervorheben: 1) die Vereinigung der vielen kleinen Kassen zu einer einzigen würde die Verwaltung vereinfachen, die Unebenheiten oder Differenzen ausgleichen und an sich, im Gegensatz zur jetzigen Isolirung und Zersplitterung (s. oben S. 70.), die Gesammtkraft erhöhen, mithin die Wirkungen verhältnissmässig bedeutend steigern. 2) ausserordentliche Zuschüsse aus den Meisterkassen würden dann in keiner Weise mehr nöthig sein. 3) hat eine Gesammtverbindung auf die pecuniären Zuflüsse, die wir oben namhaft gemacht (S. 70. 71.), weit eher zu rechnen, als ein Schock kleiner Kassenverbände, die nothwendig der Aufmerksamkeit des übrigen Publicums entgehen oder seinem Gedächtniss entfallen müssen. Es würden also namentlich einer einzigen hervorragenden allwärts in die Augen tretenden Association weit eher Geschenkgeber oder beisteuernde Mitglieder aus anderen Ständen mit regelmässigen oder ausserordentlichen Beiträgen sich anschliessen, sowie kleinere und grössere Vermächtnisse zu Theil werden, — abgesehen davon, dass für zahllose kleine Kassenverbände das Mittel der Wochenrenten vollens erfolglos, ja überhaupt unausführbar wäre.

Die günstige Gelegenheit zur Begründung einer solchen Gesammtverbindung der Arbeiter ist nun gegenwärtig durch die neue Gewerbeordnung in der That dargeboten. Denn der Titel IX. bestimmt im §. 168, dass die Vorschriften der Titel VI. und VII., wozu auch die §§. 144 und 145. gehören, „für alle oder für einzelne Arten von Gewerben ... durch Ortsstatuten mit Genehmigung der Ministerien abgeändert werden können," zwar unter gewissen Beschränkungen (§. 170.), von denen jedoch keine sich auf das Verbindungs- und Kassenwesen bezieht. Die Abfassung der Ortsstatuten, sowie auch die Abänderung bestehender Innungsverfassungen, geschieht „auf Grund eines Gemeindebeschlusses," nur müssen „zuvor betheiligte Gewerbetreibende, und, wo Innungen bestehen, auch diese mit ihrer Erklärung gehört werden." Dass grade in Bezug auf das Verbindungs- und Kassenwesen die bestehenden Verhältnisse und Vorschriften einer Aenderung unterliegen können, zeigt der §. 169, welcher es den Ortsstatuten anheimstellt, den Beitritt zu den im §. 144. erwähnten Verbindungen und Kassen zur gegenseitigen Unterstützung „für alle an dem Orte beschäftigten Gesellen und Gehülfen" als eine „Verpflichtung" festzusetzen, und zwar nur mit der Bestimmung dass „ein Unterschied zwischen den Gesellen oder Gehülfen der Innungsgenossen und denjenigen, welche bei andern Gewerbetreibenden arbeiten, nicht angeordnet werden darf."

So käme es denn also nur darauf an, dass unter Zustimmung der bestehenden Innungen ein Gemeindebeschluss zu Stande käme, wonach: 1) der Unterschied der sogenannten zünftigen und unzünftigen Gesellen oder Gehülfen in Betreff des Anschlusses an die Verbindungen und Kassen völlig aufgehoben, 2) beide Theile zu diesem Anschluss verpflichtet und endlich 3) diese verschiedenen Verbindungen und Kassen zu einer Gesammtverbindung und einem allgemeinen Kassenverbande vereinigt würden. — Den ersten Punkt fordert das Gesetz (§. 144. §. 169.), den zweiten empfiehlt es (§. 169.), und den dritten würden, bei den voraussichtlich daraus erwachsenden Vortheilen und der hinlänglich begründeten Nothwendigkeit, dem Verarmen einen breiteren Damm entgegenzusetzen, die hohen Ministerien zuversichtlich genehmigen. — Dann nur wäre Aussicht vorhanden zur Bildung eines Invaliden- und eines eigentlichen Hülfs- oder Unterstützungsfonds, worauf es vor allem ankommt und woran es überall gebricht, da die Kranken- und Sterbeladen die zersplitterten Mittel schon allein absorbiren. Dann nur könnten, wo es Noth thut, solche Pläne ausgeführt werden, wie wir sie S. 68. im Sinne hatten, und wobei wir ausdrücklich auch für „grössere" Städte die Vereinigung sämmtlicher Gewerbe zu Einer Association als Bedingung voraussetzten. Dann würden auch mit Rücksicht auf §. 145. diese Bestimmungen zugleich auf die Fabrikarbeiter in Anwendung kommen und auch diese, statt eine abgesonderte Kassenverbindung derselben zu begründen, vielmehr von vornherein zu dem grossen allgemeinen Kassenverbande hinzugezogen werden können.

Ob auch eine Vereinigung der Meisterkassen wünschenswerth sei, wollen wir unerörtert lassen. Sind es doch überhaupt mehr die Bedrängnisse der Arbeiter als die der Arbeitgeber, welche uns beschäftigen und vorzugsweise beschäftigen müssen. Deshalb haben wir die Verhältnisse der selbstständigen Gewerbtreibenden hier wie in allem Bisherigen grösstentheils ausser Acht gelassen. Klar aber ist es, dass auf die Dauer auch für sie nur Heil auf dem Wege gemeinsamen Handelns, auf dem Wege der Association in pecuniärer und industrieller Beziehung zu erwarten steht; worauf auch diejenigen Verwicklungen hindeuten, welche der Inhalt der folgenden Beilage berührt.

VII.

Ueber die Verhältnisse des Preussischen Seehandlungs-Instituts.

Wir haben es oben (S. 50. 51. d) als eine der wesentlichsten Bestimmungen solcher Institute wie der Preussischen Seehandlung hingestellt, diejenigen Massnahmen einzuleiten und durchzuführen, vermöge deren eine richtigere Vertheilung und eine bessere Benutzung der Arbeitskräfte im Allgemeinen erzielt werden kann. Sind nun aber kurze Andeutungen schon an sich leicht dem Anschein der Zweideutigkeit ausgesetzt, den mehr noch als den Vorwurf der Einseitigkeit zu vermeiden uns Pflicht dünkt: so dürfte es um so gewagter sein, gerade eine Frage, bei deren Entscheidung zahllose widerstrebende Interessen betheiligt sind, und in deren Beurtheilung sich in der That schon Missverständnisse und Irrthümer genug eingeschlichen haben, nur mit wenigen Worten zugleich anzuregen und zu beseitigen. Deshalb unterziehen wir uns hier, und um so freudiger, einer weiteren Erörterung, als inzwischen die officielle Denkschrift über „die Verhältnisse des Königlichen Seehandlungs-Instituts" durch ihre meisterhafte Darlegung diese Frage plötzlich auf einen höhern Standpunkt der Klarheit als ihr bisher zu erringen vergönnt war erhoben, und durch die glückliche Entkräftung einer Menge entschiedener Vorurtheile im Publicum neuerdings den schlagendsten Beweis geliefert hat, wie sehr in jeder Beziehung die Oeffentlichkeit d. h. der Weg des Vertrauens geeignet ist, dem Misstrauen zu wehren — oder besser noch ihm vorzubeugen.

Es kann nicht verkannt werden, dass die Seehandlung unter ihrer jetzigen Verwaltung fast auf alle jene Momente, deren wir oben als ihrer Aufgaben gedachten, unverwandt ihr Augenmerk gerichtet hat, und dass sie namentlich der inländischen Production fortdauernd die dankenswerthesten Impulse giebt. Indessen lässt sich doch darum nicht behaupten, dass sie nicht durch eine noch grössere Ausdehnung ihres Gesichtskreises, durch eine noch allseitigere Vertiefung ihrer Bestrebungen, durch eine noch nachdrücklichere und ausschliesslich gemeinnützige Entfaltung ihrer Mittel, allerdings auch einerseits ihrer ursprünglichen Bedeutung und ihrem Namen noch näher zu rücken und andrerseits in noch umfassenderem Masse heilsam auf die Gewerbthätigkeit und auf die Lage der arbeitenden Klassen einzuwirken vermöchte, als dies gegenwärtig der Fall ist, wo sie nach eigenem Zugeständniss (S. 21. 24.) auch bei der umsichtigsten Schonung nicht umhin kann, durch ihre industriellen Unternehmungen in mehrfacher Richtung die Privatconcurrenz zu beengen und manche Particularinteressen demgemäss zu beeinträchtigen.

Zwar lehnt die Denkschrift eine Erweiterung oder Umgestaltung der Wirksamkeit ab; und gewiss wird Niemand ernstlich verlangen, dass die Seehandlung, ob auch im Interesse des Gemeinwohls, mit offenbarem Verlust operire und das S t a a t s- vermögen vergeude.*) Jedoch — abgesehen davon, dass an

*) S. 56: „Andere Gegner wollen die Seehandlung lediglich auf den überseeischen Handel und andere Geschäfte verwiesen wissen, welche mit offenbarem Verlust verbunden sind. Sie soll inländische Fabrikate einkaufen und mit Schaden exportiren, eine deutsche Handelsflotte gründen, insbesondere Dampfboot-Verbindungen nach England, Frankreich, Belgien, den Niederlanden, den nordischen Reichen und Nord-Amerika, in Erwartung eines später sich bildenden Verkehrs, einrichten, sie aber aufgeben und der Privat-Industrie überlassen, wenn sie im Verlauf der Zeit Gewinn bringen; sie soll kostbare Versuche anstellen und Techniker zu ihrer Ausbildung ins Ausland senden, auf die Früchte ihrer desfallsigen Aufwendungen aber zu Gunsten der Privat-Industrie verzichten. Ginge sie auf solche Projecte ein, so würden die Urheber derselben die ersten sein, welche sie beschuldigen, dass sie das

sich das nur durch Umsicht und Betriebsamkeit erworbene, also aus reinem Gewinn bestehende Vermögen der Seehandlung ebensowohl als ein Theil des Nationalvermögens betrachtet, und mithin auch ohne Bedenken wiederum auf die weitere Förderung des Nationaleinkommens oder des Gemeinwohls, selbst unter Opfern, verwandt werden darf*) — dürfte gewiss unter den zurückgewiesenen Projecten manches der Aufgabe des Institutes keinesweges fremd, ja einer näheren Erwägung würdig sein, und auch hoffentlich der Verwirklichung nicht immer entzogen bleiben. Alle derartigen Erwägungen mögen wir indessen im unwandelbaren Vertrauen auf die Einsicht der gegenwärtigen Leitung und Verwaltung desselben, getrost dieser anheimgeben; um so mehr da die Klagen der Gewerbtreibenden selbst nicht sowohl durch die Unterlassungen der Seehandlung, als vielmehr durch deren Unternehmungen auf industriellem Gebiete bedingt worden sind.

Gewiss muss die Gründung grossartiger und durch Anwendung der neuesten Erfahrungen und Erfindungen einträglicher Fabrikanlagen, fern davon dem Staate zum Vorwurf zu gereichen, demselben vielmehr als ein hohes Verdienst angerechnet werden; und man kann nur wünschen, dass der Sinn für das Schaffen, für das Organisiren in dieser Weise, dem Staate nimmer ausgehe und ununterbrochen von ihm bethätigt werde. Allein, wenn derartige Anlagen an sich offenbar nicht nur zur höhern Entwicklung der vaterländischen Industrie, sondern damit zugleich auch unmittelbar zum Wohle Aller beitragen: so müssen sie doch allerdings mittelbar auch

Staatsvermögen vergeude und den Staat wegen der übernommenen Garantie in Verlegenheit bringe."

*) Der alte Capitalstamm und die Zinsen davon sind ja schon seit 1829 und 1832 „an den Staatsschatz" abgeführt „und damit die aus früherer Zeit herrührende Verbindlichkeit gegen die Staatsadministration völlig" gelöst. „Sonach bildet der gegenwärtige bedeutende Ueberschuss des Activstandes ein ohne Beiträge von Seiten der Unterthanen unter manchen Opfern für das Gemeinwohl (die also keinesweges für unzulässig erkannt werden) lediglich durch Betriebsamkeit und Umsicht im In- und Auslande erworbenes selbstständiges Vermögen, woran die Staats-Kassen keinen Theil haben." S. 18.

bei der grössten Schonung zum Nachtheile vieler Einzelnen unter den Gewerbtreibenden ausschlagen, und daher von diesen als eine Beeinträchtigung der bürgerlichen Erwerbsthätigkeit durch den Staat selbst betrachtet werden, wofern der letztere seinen Beruf für ihre Gründung zu einem Berufe für den dauernden eigenen Betrieb derselben erweitert. In dem Uebergange von dem einem zu dem andern, dies dürfen wir mit Ueberzeugung sagen, liegt für die Privatinteressen die Grenzscheide des Wohles und des Wehes. Der Staat hat mittelst seiner Organe überall ein thatkräftiges Leben hervorzurufen, nicht aber in seinen Organen selbst dieses Leben zu concentriren; sonst wird der schöne Zweck der Förderung des Gemeinwohls nur zu leicht durch ein einseitiges Trachten nach Gewinnstrealisirungen wiederum gefährdet oder aufgewogen; denn wenn der Staat nur deshalb die Erhöhung des Nationaleinkommens bezweckt oder zu bezwecken scheint, um diese Erhöhung in einen Reinertrag für sich selbst zu verwandeln, so stellt er sich widernatürlicherweise als ein Sonderinteresse dem Gemeinzwecke gegenüber.

Trägt nun aber in der That das Institut oder nicht vielmehr der Gewerbsstand selbst die Schuld dieser Beeinträchtigungen? Die Denkschrift spricht es entschieden aus, dass die Seehandlung alle ihre merkantilisch-industriellen Unternehmungen „nur als transitorische" betrachte und jederzeit bereit und erbötig sei „dieselben nach ihrer vollständigen Entwicklung gegen Ersatz der Kosten an vermögende Privatleute und selbst an Aktiengesellschaften abzutreten," also „in den Privatbesitz übergehen zu lassen" (S. 21. 54. 55. 85. 37.). Sie macht dabei keinerlei Anspruch auf eigennützigen Gewinn, sondern nur auf „Ersatz der Kosten" oder „der darauf verwendeten Kapitalien;" sie will nur wie billig, dass es „ohne Opfer" und mit der „nöthigen Sicherheit" geschehe. Nur im Interesse des Gemeinwohls oder der vaterländischen Gewerbsamkeit, nur um fühlbaren Mängeln in der Fabrikation und im gewerblichen Verkehr abzuhelfen, nur um neue Erwerbsquellen für die nothleidenden Arbeiter namentlich in Schlesien zu eröffnen oder um die alten zu verbessern und neu zu beleben, hat sie jene zahlreichen Etablissements übernommen, oder an ihnen sich betheiligt oder sie selbstständig errichtet (S. 20 f. 31. 40. 41· 44. 45. 46. 48 ff. 84. 85.). *) Ist es ihr zur Last zu legen, wenn es den Privaten an dem gleichen Willen, an gleicher Kraft und Ausdauer, oder an gleichen Mitteln gebricht? wenn die Privatindustrie auf den von ihr gebahnten Wegen nicht rasch und rüstig nachfolgt? wenn grössere oder kleinere Capitalisten und Gewerbtreibende nicht gemeinsam handeln, wenn sie nicht mit Energie dem System der Association sich zuwenden und zu umfassenden Gesellschaften sich vereinigen, um theils die Etablissements der Seehandlung selbst zu übernehmen, theils unter gleichen Bedingungen mit ihnen zu concurriren?

Nur zu beherzigenswerth für alle Gewerbtreibende sind die Worte der Denkschrift, welche auf die Schwierigkeiten und Bedrängnisse hinweisen, die in den Zuständen unserer Industrie selbst begründet sind. Nur zu wahr ist es „dass der deutsche Gewerbfleiss, wie sehr derselbe auch in neuester Zeit sich aufzuschwingen bemüht gewesen, doch mit wenigen Ausnahmen in den zum Export geeigneten Waaren-Artikeln gegen die Industrie Englands und selbst Frankreichs und Belgiens zurückgeblieben ist, und das von ihm gelieferte Fabrikat im Auslande bei freier Concurrenz gegen die, vermöge des Maschinenbetriebs theils besseren, theils wohlfeileren englischen und französischen Waaren sich auf die Dauer nicht behaupten kann" (S. 19.). Ja es sollte kaum noch der wiederholten Hinweisung bedürfen „dass bei den raschen Fortschritten der industriellen Entwicklung und einer verbesserten Technik der frühere handwerksmässige Gewerbsbetrieb nicht länger bestehen kann, die Handarbeit immer mehr der Maschine weichen muss, und mit der Verdrängung der kleinern Werkstätten grössere Fabrikanlagen schon ein Werk der Nothwendigkeit geworden sind, dem wir uns nicht entziehen können, um wohlfeiler und bes-

*) Wir wollen hier auf eine der wenigen Unebenheiten des Berichtes aufmerksam machen. S. 25. heisst es, dass die Alaunwerke „mit Schaden" arbeiteten, als die Seehandlung den alleinigen Absatz übernahm, S. 27. aber nur, dass sie „fast mit Schaden" gearbeitet. Das ist nun doch wohl ein Unterschied auf den etwas ankommt.

ser zu fabriciren, und hinter dem uns hierin vorauseilenden Auslande nicht länger zurückzustehen." Die damit verschwisterten socialen Uebelstände können und dürfen in der That „den Gang der begonnenen Umwälzung nicht aufhalten." — „Vergeblich würde es sein, den Fortschritten der Zeit sich hemmend entgegenzustellen, das alte Zunftwesen wieder hinaufzubeschwören, oder auch nur den gegenwärtigen Zustand festhalten zu wollen; denn schon das Stehenbleiben ist ein Rückschritt" (S. 24.).

Wenn nun aber andrerseits die aus dieser unabwendbaren Bewegung resultirenden gesellschaftlichen Uebelstände, namentlich das Verkommen der kleinern Gewerbtreibenden, nothwendig „Vorsorge und Abhülfe erheischen," so sollten diese wohl nicht „unerörtert bleiben." Nur in der Association der kleinern wie der grössern Gewerbtreibenden ist das hauptsächlichste Mittel der Vorsorge und Abhülfe auch in dieser Sphäre zu suchen. Diesen Geist der Association unter den Gewerbtreibenden zu wecken, zu beleben, ist wie wir schon bemerkt (s. oben S. 40.) als eine Pflicht des Staates und — so scheint es uns — als eine Aufgabe der Seehandlung selbst zu erachten. Nur weil er schlummert, sind die Etablissements derselben noch nicht in den Privatbesitz übergegangen und die von ihr betretenen Wege ohne zahlreiche und glückliche Nachfolge geblieben.

Oder liegt dem Institut die Begründung zeitgemässer Fabrikanlagen doch vielleicht nicht sowohl um des Impulses halber als wegen des Vortheiles am Herzen, den der eigene Betrieb derselben verspricht und gewährt? Nach dem Erscheinen der vorliegenden Denkschrift, nach einer so deutlich an den Tag gelegten Bereitwilligkeit, die vollkommen nach den Forderungen der Zeit entwickelten Unternehmungen auf das uneigennützigste der Privatindustrie zu übergeben, würde jedes weitere Misstrauen als eine Vermessenheit erscheinen; in die gemeinnützigen Tendenzen des Institutes darf Niemand mehr einen Zweifel setzen. Zwar äussert die Denkschrift, dass die Gegner der Seehandlung aus den Reihen der Gewerbtreibenden den Uebergang ihrer Fabriken in Privathände „nicht zu wünschen, sondern eher zu scheuen" haben würden (S. 56.), und es sei „kaum zu erwarten" dass daraus für die allgemeinen gewerblichen Interessen eine irgend erspriessliche Aenderung entstehen dürfte (S. 22.). Allein, nimmt man diese Annahmen auch für ausgemacht an, wiewohl es gewiss ebenso schwierig sein würde sie zu begründen als zu widerlegen; so steht doch soviel fest, dass es im Interesse des Staatsinstitutes liegt, lieber Private und Privatgesellschaften als sich selbst dem Neide und der Missgunst preiszugeben, und dass es demnach die Gelegenheit, Anfeindungen der Gewerbtreibenden von sich ab und auf Ihresgleichen hinzuleiten, seinerseits nicht zu scheuen sondern eher zu wünschen hat. Auch ersterben Misstimmungen, welche aus Beeinträchtigungen des Erwerbes hervorgehen, da jederzeit am leichtesten, wo sie nicht gegen eine bestimmte über Aller Köpfe emporragende Macht, oder nicht gegen einzelne bestimmte Personen, sondern nur gegen den Anlass oder die Sache selbst sich richten können. Wie viele Anfeindungen würden nicht die Eisenbahnen, durch die so viele Particularinteressen gefährdet werden, hervorgerufen und genährt haben, wenn der Bau und Betrieb derselben im Preussischen etwa von der Seehandlung allein übernommen worden wäre! Man überliess ihn der Privatindustrie und die Aktiengesellschaften trugen die Klagen zu Grabe.

Der hohe Chef des Institutes hat die Erklärung abgegeben, er werde sich „auf neue industrielle Unternehmungen nicht einlassen, so lange die bisherige wohlthätige Einwirkung des Seehandlungs-Instituts auf die Belebung der vaterländischen Industrie verkannt und demselben der unentbehrliche Beistand der öffentlichen Meinung verkümmert wird" (S. 53.). Wir leben indessen der frohen Hoffnung, dass ebensowenig diese Verzichtleistung wie deren Beweggrund von Dauer sein werde, und dass vielmehr der Seehandlung ein noch glanzvollerer Aufschwung, eine noch weiter greifende Wirksamkeit bevorstehe, wenn auch dieser Aufschwung nicht sowohl von der Menge der Fabriken abhängen wird, deren Betrieb sie „transitorisch" zu leiten, als von der Summe der gemeinnützigen Aufgaben, die sie dauernd zu verfolgen berufen ist. Mit Recht wird von

Seiten der Staatsbehörden der „Beistand der öffentlichen Meinung" mehr und mehr als „unentbehrlich" anerkannt. Wir hegen aber auch die feste Ueberzeugung, dass dem Seehandlungs-Institute, dessen mannigfach segensreiches Wirken in der That auf den Dank des ganzen Landes einen gerechten Anspruch hat, gräde dann dieser Beistand unwandelbar zur Seite gehen werde, wenn es vielmehr eifrig fortfährt, die Fortschritte des Auslandes der Heimath aneignend, bedeutsame industrielle Unternehmungen mit eigenen oder fremden Kräften ins Werk zu richten, doch auch in jenem Falle nur um dieselben „nach ihrer vollständigen Entwicklung" dem Privatbetriebe als Mittel zur Erhöhung des Nationalwohlstandes zu überlassen, immer neuen und neuen Strebungen sich zuwendend, unaufhörlich gründend und belebend, aufmunternd und fördernd. Ist es doch die herrlichste Aufgabe die einem Staatsinstitute zu Theil werden kann, — ein Organ des Gemeinwohls, das Auge des Verkehrs, die Vorsehung der Industrie zu sein!

Alles, oder doch das meiste, kommt also auf den Unternehmungsgeist der Gewerbtreibenden selber, aber auch auf ihre Mittel und darum auf ihren Trieb zu gewerblicher Vergesellschaftung an. Fehlt es doch an dem allen nicht, sobald nur die Unternehmung, wie dies gegenwärtig in den Eisenbahn-Angelegenheiten so häufig der Fall ist, von vornherein einen lockenden Gewinn in Aussicht stellt! Aber das ist es eben: man speculirt für den Augenblick; man hat keine Geduld und Ausdauer um die Früchte abzuwarten, welche solide Unternehmungen erst mit der Zeit abzuwerfen pflegen.

Gedruckt bei Julius Sittenfeld in Berlin.

FSC
www.fsc.org
MIX
Papier | Fördert
gute Waldnutzung
FSC® C083411

Kolibri 360 GmbH
Ferdinand-Jühlke-Straße 7
99095 Erfurt, Deutschland
produktsicherheit@kolibri360.de